Landfrauen-Rezepte aus

Thüringen

Oda Tietz • Fotos: Fridhelm Volk

ULMER

Inhalt

Inhalt

Geleitwort des
Thüringer LandFrauenverbandes e.V.

Liebe Leserin, lieber Leser!

Der Thüringer LandFrauenverband wurde am 19. Oktober 1991 gegründet. Als eine der wichtigsten Aufgaben wurde von Anfang an die Kultur- und Brauchtumspflege im ländlichen Raum Thüringens festgelegt. So sorgen die Landfrauen seit über zehn Jahren dafür, dass in den Orten alte Bräuche wieder aufleben.

In Gemeinden, die noch eines der berühmten Backhäuser besitzen, sind die beliebten und gut besuchten Backhausfeste Treffpunkt für die Menschen und tragen dazu bei, die dörfliche Gemeinschaft zu fördern und zu festigen. Natürlich ergeben sich bei diesen Veranstaltungen auch rege Unterhaltungen über traditionelle Rezepte und Brauchtümer.
Viele Bleche mit „trockenem" und „nassem" Kuchen, Zwiebelkuchen oder Dätscher werden von den Landfrauen gebacken und finden reißenden Absatz – gern besinnt man sich auf altbewährte Rezepte, die in der Region aus der Landschaft und den typischerweise angebauten Feldfrüchten entstanden sind.
Thüringer sind jedoch nicht nur Kuchenesser. Unsere Nationalspeisen sind auch die Rostbratwurst und das Rostbrätl, der Bröckelkloß und die Schlachtfestsuppe und natürlich die Thüringer Klöße aus den besonders guten in Thüringen angebauten Kartoffeln – passend zu verschiedenen köstlichen Braten mit viel Soße. In vielen Thüringer Familien werden seit Generationen am Sonntag mit Vorliebe Klöße verzehrt. Die „Geheimrezepte" einer jeden Familie werden nach wie vor von Generation zu Generation weitergegeben – das wird auch in Zukunft so bleiben, schließlich ist das eigene Rezept immer das beste!

Für alle Freunde der thüringischen Küche sind die Kochrezepte in diesem Buch eine spannende Entdeckungsreise. Sie sollten Ihren Gaumen damit erfreuen!

Magdalene Behlert
Vorsitzende

Thüringen, grünes Herz Deutschlands

Thüringen bietet viele Glanzlichter! Nicht umsonst wird es wegen seiner romantischen Berge, Wiesen und Auen das grüne Herz Deutschlands genannt. Viel Herz beweist man in dieser Region für Kunst und Kultur – die Hochburgen des Geistes wie Weimar und Jena künden davon. Das Thüringer Land wurde vielfach bedichtet und besungen und zur Wahlheimat großer Denker wie Johann Wolfgang von Goethe und Friedrich Schiller, Martin Luther und Thomas Müntzer.

Da man in dieser Region die Geselligkeit liebt, zeigte man von jeher auch in der Küche viel Herz, denn beim Feiern – auf Dorfhochzeiten, zur Kirmes, bei Kindtaufen, Jubiläen oder Schlachtfesten – durften die Gaumenfreuden, meist deftig, würzig und sehr gehaltvoll, nicht zu kurz kommen. Und daran hat sich bis heute nichts geändert. An köstlichen saisonalen Zutaten wird nach wie vor nicht gespart – vor allem nicht an Butter und Sahne. Das hat den Thüringern, besonders in der Gegend um Gera, den Namen „Fettguschen" eingebracht.

Aufgetischt werden (am liebsten täglich) Thüringer Klöße, nicht zu grob und nicht zu fein (!) mit viel Soße und zarten Braten. Weitere Spezialitäten sind die Würste – Rotwurst ziert ein Linsengericht, Leberwurst verfeinert Brotsuppen, Zervelatwurst thront auf Schärrplätzen, Eichsfelder Weckewurst behauptet sich neben Pellkartoffeln und die Königin der Würste, die mit Pfeffer, Majoran und Kümmel gewürzte Rostbratwurst, verströmt köstlichen Duft und umgibt sich mit einer Semmel oder mit Kartoffelsalat.

Da man an den Herd holte, was rings ums Haus wuchs und was Wald und Flur bereithielten, gab und gibt es im Thüringer Land auch eine feine Gemüseküche – allem voran die leckere, würzige Schnippelsuppe.

Aber nicht nur aufs Kochen versteht man sich in dieser Region, sondern auch aufs

Das Schiefergebirge ist eine landschaftliche Besonderheit Thüringens.

Nach einer Wanderung im Thüringer Wald lockt das gute thüringische Essen!

Backen. In vielen Backhäusern, den „Backs", entstanden und entstehen zum Teil heute wieder saftige Obst-, Quark-, Mohn- und Zwiebelkuchen. Ob herzhaft oder fein – die Gerichte im Land der Klöße, der Rostbratwürste und der Blechkuchen sind stets aufs Neue eine Entdeckung wert und eine Freude für den Gaumen. Denn die Thüringer (Heinrich Heine hat es erkannt) „essen um des Genießens willen."

Land des Weihrauchs und der Rostbratwürste

Thüringen ist das Land des „Weihrauchs", denn an (fast) jeder Straßenecke – egal, ob im Winter oder Sommer – steigt unentwegt ein wundersamer Duft von einem der Holzkohlegrills auf, auf denen dicht an dicht würzige Rostbratwürste liegen. Sie werden erst dann „freigegeben", wenn sie mindestens ein- bis zweimal aufgeplatzt sind und voll der Würze stecken, die das aus mehreren Fleischsorten bestehende Wurstbrät so unübertrefflich nur hier auf Thüringens Holzkohlefeuern erhält. Die Bratwurst ist der Inbegriff der Thüringer Wurstmacherkunst. Das unvergleichliche Aroma dieser aus Schweine-, Rind- und Kalbfleisch nebst Kümmel, Pfeffer und Majoran hergestellten Wurst ist verbürgt in der „Ordnung für das Fleischerhandwerk zu Weimar, Jena und Buttstädt" und geht zurück auf das Jahr 1613. Die knusprige, duftende Köstlichkeit fehlt auf keinem Fest und auf keinem Markt. Sie zählt zu den beliebtesten Hap-

Erfurt ist nicht nur am Martinstag eine Reise wert.

pen für „zwischendurch" und gelangt rasch, mit Senf bestrichen und eingeklemmt zwischen den Hälften einer Semmel, von der Hand in den Mund.

„De Bratworscht kann nich billig und gruß genung sei", wusste vor gut hundert Jahren Ernst Heincke zu berichten. *„Es braucht och nich ausgeklingelt zu warn, wenn's un wu's welche gibt, die riecht mer schon vun weiten."*

Nicht nur die berühmte Thüringer Bratwurst versteht man zu grillen, sondern auch das nicht minder leckere Rostbrätel, ein saftiges Schnitzel vom Schweinekamm, gebeizt in Bier, Öl und Gewürzen und verziert mit knusprigen, goldbraunen Zwiebelringen.

Die hohe Zeit der Würste, für Koch-, Brüh-, Roh- und Dauerwürste, für Wurst- und Schlachtesuppen beginnt um den 11. November, den Martinstag, herum. Da werden die Tiere von der Weide geholt und die Metzger kommen ins Schwitzen, denn die Zeit der Schlachtfeste beginnt. Man versteht sich aufs Würzen, egal ob es sich um die streichfähigen Rohwürste wie Mett- und Teewurst handelt, um Hart- und Dauerwürste wie Zervelatwurst oder Greußener Salami, um luftgetrocknete Würste wie der Eichsfelder Feldkieker oder Kochwurst wie Leber- und Blutwurst. Dass es beim Schlachten turbulent zugeht, versteht sich. Denn eine wichtige Zutat bei der Konservierung ist neben Salz und Zucker auch oftmals der Schnaps. Und dass der nicht immer in die Wurstmasse, sondern ab und an durch die Kehle fließt, wird nicht geleugnet. Des Tages Mühe wird belohnt mit Schlachtesuppe, Brotsuppe mit Leberwurst und einer Schlachteplatte, bedeckt mit vielerlei feinen Wurstsorten. Dazu gibt's Bier und zwischendurch einen Klaren. Natürlich muss noch jemand gefunden werden, der aus der Apotheke Schnackenfett und gedörrten Schnee holt, vom Fleischer eine Tüte voll Hühnergräten und vom Bäcker ein Dutzend Mückenkuchen.

Martinstag in Erfurt

Zur Schlachtfestzeit liegt über Erfurt ein wunderbarer, köstlicher Duft. Der kommt vor allen Dingen aus den Bäckerläden, die voll sind mit leckeren, knusprigen und gefüllten Hörnchen, und zwar am 10. November, Martin Luther zu Ehren, der an diesem Tag 1483 geboren wurde und seinen Vornamen nach dem heilig gesprochenen Bischof von Tours, der bekanntlich am 11. November geboren wurde, erhielt. Der 10. November ist also auch „Martinshörnchen-Tag". Da isst man das Traditionsgebäck mehrmals am Tag, mindestens aber morgens und nachmittags. Tagsüber trifft man sich auf dem Martinimarkt am Domplatz, am Abend zum Gottesdienst. Und was gehört noch zum Martinstag? Natürlich eine knusprige Martinsgans und Thüringer Klöße – mit sehr viel Soße.

Frau Holle sei Dank

Frau Holle wird sehr verehrt. Mit gutem Grund, denn sie überreichte vor langer Zeit den Thüringern das „Receptum" für das Leib- und Magengericht der Region, die berühmten Thüringer Klöße. Davon zeugen etliche Gedichte und Sagen.

Die Klöße haben unterschiedliche Namen: „Hütes" werden sie genannt, aber auch „Hebes", denn mancherorts riet Frau Holle "Hüt es" oder „Heb es auf" (das Kloß-Rezept). Klöße sind hierzulande keine Beilage wie anderswo; sie sind der Mittelpunkt auf dem Teller – mit viel Soße, damit sie gut „ritschen" (und damit man eine große Menge davon verdrücken kann). Der Braten, der ebenfalls aufgetischt wird, hat Mühe, sich neben den großen Runden zu behaupten.
Die kugeligen Köstlichkeiten gibt es in vielen Variationen. Man bereitet grüne Klöße, Fauleweiber-, Watte-, Wickel- oder Zitterklöße, Klöße aus rohen oder gekochten Kartoffeln, aus Mehl oder Weißbrot. Bei den Altvorderen waren sie eine willkommene Bereicherung des Küchenzettels, denn die wichtigsten Zutaten waren Kartoffeln, Mehl, Fleisch und alles, was ums Haus herum wuchs. Wichtigster Grundsatz beim Kochen war: Essen soll satt machen und die hungrigen

Mägen der Bauern, Holzfäller, Glasbläser, Fabrik- und Heimarbeiter lang anhaltend füllen. Das erklärt, weshalb stets gehaltvoll gekocht wurde.
Das Kloßrezept schlechthin gibt es in dieser Region allerdings nicht. So viele Haushalte, so viele Rezepte, heißt es.

Kloßregeln

- *Für Kartoffelklöße immer mehlig kochende Knollen verwenden.*
- *Ist der Teig zu weich, kann man das mit etwas Kartoffelstärke ausgleichen.*
- *Klöße werden zwar in kochendes Wasser eingelegt, danach aber darf das Wasser auf keinen Fall mehr kochen, sondern nur noch leicht sieden. Andernfalls würden die Klöße zerfallen. Sobald die Klöße an der Oberfläche schwimmen, sind sie gar und können mit einem Schaumlöffel herausgenommen werden. Die Klöße werden auf Tellern verteilt und sofort mit einer Gabel aufgerissen, damit sie schön locker bleiben und nicht zusammenfallen.*

Zippelmarkt in Weimar

Mit Zwiebeln wissen die Thüringer meisterhaft umzugehen. Zu einiger Berühmtheit brachten es Zwiebelsuppen und Zwiebelkuchen. Die fehlen deshalb auch nicht beim größten Volksfest, das alljährlich am zweiten Oktoberwochenende in Weimar stattfindet. Besucher und Einheimische sind dann auf der Suche nach den schönsten Zwiebelzöpfen, die auf zahlreichen Ständen neben Bergen von Zwiebeln, Geschirr, Töpferhandwerk, Blumen, Gemüse und Korbwaren feilgeboten werden. Die Zöpfe sind kleine Kunstwerke, verziert mit Schleifen, Strohblüten, Kräutern – jeder ein Unikat. Die Besonderheit an diesen Zöpfen: Die kleinsten Zwiebeln hängen oben, die größten am unteren Ende, und helle Zwiebeln paaren sich mit dunklen.
Die „Zopf-Idee" stammt aus Heldrungen. Kluge Heldrunger Bäuerinnen fanden seinerzeit heraus, dass geflochtene Zwiebeln nicht nur schöner aussehen, sondern sich auf diese Weise luftiger aufbewahren und besser transportieren lassen. Die wenigsten verfügten über ein Pferdegespann, deshalb mussten die begehrten Knollen zu Fuß mit dem Handwagen zum Markt ins 50 Kilometer weit

Weimar lockt nicht nur mit seinen weltberühmten Dichtergrößen ...

entfernte Weimar gebracht werden. Den ersten „Vieh- und Zippelmarkt“ gab es im Oktober des Jahres 1653. Vieh kann man nicht mehr erwerben, von Zippeln aber, den Zwiebeln, kann man sich einen guten Vorrat mitnehmen.
Überall riecht es verführerisch nach Bratwürsten, Rostbrätel, Zwiebelkuchen,

... sondern auch mit seinem fröhlichen, bunten „Zippelmarkt“.

Zwiebelbrot, Zwiebelsuppe oder Zwiebelbraten.
So schnell verlässt man diesen herausgeputzten Markt nicht, denn ein Stand ist schöner als der andere. Und nachdem man sich – außer mit Zwiebeln – mit einem neuen blau-weiß getupften Milchtöpfchen (das neben anderem Gebrauchsgeschirr noch immer in Bürgel hergestellt wird) oder einem neuen Einkaufskorb eingedeckt hat, ist der Hunger groß und die Wahl unter all den angebotenen Köstlichkeiten schwer.

Die besten Blechkuchen kommen aus den Backs

Welch ein Duft muss aus den Backhäusern geströmt sein, wenn ein Kuchen nach dem anderen, mal trocken, mal nass, im Ofenloch verschwand. Heute besinnt man sich wieder auf diesen schönen Brauch und viele der alten Backhäuser werden mittlerweile instand gesetzt. An Backtagen, besonders aber zu feierlichen Anlässen, begnügte man sich niemals nur mit einer Sorte Kuchen. Aufgetischt wird auch heute noch immer trockener und nasser Kuchen, immer in kleine Stücke geschnitten, damit man von jeder Sorte kosten kann. Zu den trockenen Kuchen gehören Streusel- und Nusskuchen, zu den nassen Quark- und Mohnkuchen sowie Obstkuchen, die meist mit leckerem Schmantguss verfeinert werden.
Nasse Kuchen schmecken besonders gut, wenn sie über Nacht durchziehen können. Zu den nassen Kuchen zählen auch die deftigen, mit Zwiebeln oder Speck und mit Eiersahneguss veredelten Kuchen, die am besten munden, wenn sie ofenwarm sind. Vorwiegend wird für die Blechkuchen ein Hefeteig bereitet. Wichtig ist, dass der Teig dünn ausgerollt und reichlich belegt wird. Denn auf den Belag

Die Kuchenstadt We
hat mehr als nur sü
Gebäck zu biet

(er ist immer sehr gehaltvoll!) kommt es schließlich an!
Noch immer kann man in Thüringen Backfrauen antreffen, die mit großem Können (und eigenen Rezepten, die sie um nichts in der Welt preisgeben!) für Hochzeiten und andere Feiern Berge von Kuchen bereiten. Meist dabei sind neben traditionellen auch moderne Kuchen wie der Schneewittchenkuchen, ein Traum in Schwarz-Weiß-Rot (das sind bekanntlich Schneewittchens Farben), bei dem sich auf schwarzem Teig leuchtend rote Kirschen unter weißer Creme verbergen.
Der Liebling unter den Backwerken aber ist der Zwetschen-, Quetschgersch-, Quatschgen- oder Quätschgenkuchen. Er ist so überaus saftig und dazu noch glanzvoll (für den Glanz sorgt das Leinöl),

dass man Mühe hat, ihn ohne zu kleckern in den Mund zu bekommen. Nur so ist er richtig. *„Denn Quatschgenkuchen därf nech wörge, der muss höngerglitschre wie geschmärt! Drum moch me ooch ordentlich was droff!"*

Ohne Kuchen läuft in Thüringen nichts. Kein Wunder, dass es sogar ein Kuchenstädtchen gibt, das übrigens Weida heißt. Und Weida, wo alljährlich im September Kuchenmarkt ist, sollte man auf keinen Fall versäumen.
Das kleine Städtchen in der Nähe von Gera macht seit Jahrhunderten als Kuchen-Weida von sich reden. Aber hier gibt es nicht nur feines Backwerk, sondern am nördlichen Ende der Weida-Brücke entstand im Jahre 1345 auch die erste Brotbank Thüringens – eine gemeinsame Verkaufsstätte der Bäckermeister von Weida, die bis zum Jahre 1883 in Betrieb war. Diese Einrichtung sicherte den Bäckern, zu deren Pflicht es gehörte, die Brotbank täglich mit frischem „Gebäck" zu beliefern, einen raschen Absatz und dem Stadtrat beste Verkaufskontrollen, denn das Brotbankgebäude war Eigentum des Amtes Weida. Für seinen baulichen Zustand waren dagegen immer die Bäcker selbst verantwortlich.
Wer eine „Brotbank-Gerechtigkeit" besaß, durfte sie verkaufen, verschenken oder verpfänden, hatte Einfluss auf das

Wechselbacken – an Sonn- und Feiertagen verkaufte sich das Backwerk besser als an Wochentagen! – und den Erwerb des Meisterrechts. Die Bäcker verkauften ihre Erzeugnisse jedoch nicht selbst, sondern überließen dies den „Bänkelmännern" oder „Bänkelfrauen", die den Kunden, wenn es ans Bezahlen ging, einen langen Holzlöffel für die Münzen entgegenstreckten.

Vom Lieblingsgetränk und den Fettguschen

Das Lieblingsgetränk der Thüringer ist das Bier – oftmals in Begleitung von einem Gläschen Klaren (Nordhäuser Doppelkorn). Das war nicht immer so, denn bis Mitte des 15. Jahrhunderts blühte auch in dieser Region der Weinanbau. Das Klima und die Reblaus machten jedoch den Weinbauern sehr zu schaffen. Dazu kam, dass die Rhein- und Frankenweine sich als die besseren erwiesen, billiger waren und alsbald den Markt bestimmten. Die thüringischen Weinbauern mussten so manchen Spott einstecken. Martin Luther zum Beispiel bezeichnete Jena als die Stadt, wo der „Essig wächst". Andere rieten, sich nach abendlichem Trunk beim Schlafen häufig umzudrehen, damit das saure Getränk kein Loch in den Magen brenne. Die Kinder gröhlten:

Und ein Wein wächst auf den Bergen
Und der Wein ist gar nicht schlecht.
Tut er gleich die Strümpfe flicken
Und die Kehl' zusammendrücken
Ist er doch zur Bowle recht.

Der Weinrebe wurde der Garaus gemacht. Durstlöscher Nummer eins wurde alsbald das Bier. Pro Kopf sollen alljährlich 150 Liter konsumiert werden. Bier ist

Ein Stück Geschichte: Das Lutherhaus in Eisenach, in dem Martin Luther während seine Schulzeit lebte.

auch ein willkommener Partner beim Skatabend. Das Bubenspiel wurde 1813 in Altenburg erfunden und eroberte wie viele andere thüringische Produkte die Welt. Seit 1927 gibt es in Altenburg sogar ein Skatgericht, das zweifelnden oder verzweifelten Streithähnen Rat erteilt. Bier kommt aber nicht nur ins Glas, denn es zeigte sich alsbald, dass es auch als Küchenzutat geeignet ist. Es ersetzt Wasser oder Brühe in mancher Suppe oder Kaltschale und würzt Fleisch oder Fisch, besonders das begehrte Rostbrätel. Auch der Rostbratwurst bekommt eine sanfte Bierdusche ausgezeichnet.

Bier muss auch herhalten zum Anbandeln, denn der Thüringer führt sein Mädel nicht wie seine Nachbarn, die Sachsen, ins Kaffeehaus, sondern ins Wirtshaus auf ein Glas Bier. Ist man gut bei Kasse und die Holde einem sehr sympathisch, trinkt man eins, zwei, drei, viele und spendiert dazu Zwiebel- oder Speckkuchen. Dann haben beide eine „Fettgusche“, das typische Markenzeichen eines Gerschers und Thüringers überhaupt.

Kommt's davon, dass wir fett leben,
oder was ist sonst der Grund,
Dass sie uns den Namen geben mit
Bezug auf unsern Mund?
Wenn im Kuss sich Lippen feuchten,
wenn gegessen wird die Gans,
Stets wird uns vom Munde leuchten
der bewusste Glanz.

Im Bierbrauen haben die Geraer mehr als 500 Jahre Erfahrung. Im ältesten Stadtrecht von 1487 ist zu lesen: *„Item niemandt magk brauen noch schenken, er sey dan ein burger oder burgerin und hab ein eigen haus."* Bis 1656 besaßen 99 Häuser in Gera das Braurecht, und bis zum Jahre 1853 stieg die Zahl auf 221. Für die Lagerung der Biermengen dachte man sich etwas Besonderes aus: Gera bekam eine „Unterwelt", indem man zwischen dem 16. und 19. Jahrhundert 230 Höhler schuf. Im Zweiten Weltkrieg suchten die Geraer in den Höhlern Schutz, danach geriet die „Unterwelt" in Vergessenheit. Jetzt setzt man alle Kraft daran, das Höhlersystem zu erhalten und hat mit dem Museumshöhler aus Zechsteinkalk im Bereich des Steinweges bereits einen guten Anfang gemacht.

Alljährlich findet im Oktober ein Höhlerfest statt, bei dem der Bierhahn besonders weit aufgedreht und dem besten Wirtshaus die „Bierstange" überreicht wird. Ob das Bier noch wie anno dazumal mit Bitterkleeblatt, Lavendelblüten, Süßholz, Veilchenwurzel, Muskatnuss und Kardamom gebraut wird, wird in den Wirtshäusern nicht verraten. Der „Bier-Dorschd" hat eine lange Tradition und in Gera weiß man ein Lied davon zu singen:

Unsre Gerschen Vorderleide
hadden gerne Bier im Fass,
Denn se machden's wie mir heide,
fidderten am liebsten nass.
Alsu brauden mid Vergniechen
se ihr Gersches Riebeggbier,
Ließens unnerärdsch liechen,
nur de Hehler sind noch hier.

Übrigens: Süffiges hilft auch beim Einschlafen. Man erhitzt einen halben Liter dunkles Bier und verfeinert es mit einem Eigelb, einem Schuss Sahne und einer kräftigen Prise Zucker. Prosit!

Weniger gehaltvoll

Wer gerne etwas weniger gehaltvoll kochen will, kann in vielen Rezepten das Butterschmalz, das von den Thüringern am liebsten verwendet wird, auch gegen Pflanzencreme oder ein hochwertiges Speiseöl ersetzen. Auch alternativ zu Sahne, Saurer Sahne oder Schmant gib es heute fettärmere Produkte, die sich bei den Rezepten verwenden lassen.

Erfurter Puffbohnensalat

Zutaten für 4 Personen

500 g Puffbohnen
Salz
2 Zwiebeln
4 EL Sonnenblumenöl
4 EL Weinessig
frisch gemahlener weißer Pfeffer
1/2 TL Zucker
1 Ei
150 g Sülzwurst
1 EL gehackte Petersilie

- Die Puffbohnen in einem Topf mit Salzwasser bedeckt kurz aufkochen
- Das Wasser abgießen, die Bohnen mit frischem Wasser übergießen und bei kleiner Hitze 20 Minuten weich kochen
- Abgießen, die Bohnen kalt abspülen, abtropfen lassen und in eine Salatschüssel füllen
- Die Zwiebeln schälen, in kleine Würfel schneiden und unter die Puffbohnen mischen
- Öl, Essig, Salz, Pfeffer und Zucker verrühren, über die Bohnen gießen und zugedeckt zwei Stunden ziehen lassen
- Das Ei hart kochen, pellen und in kleine Würfel schneiden
- Die Wurst feinstreifig schneiden
- Ei und Wurst auf dem Salat anrichten
- Mit Petersilie bestreut servieren.

In Erfurt, der Hochburg des Gemüseanbaus, wachsen und gedeihen Puffbohnen (auch als „Große Erfurter Puffbohne" und „Gemeine große Garten- und Ackerbohne" bekannt und eine Rarität unter den Gemüsen) mit Blumenkohl, Kohlrabi, Wirsing und verschiedenen Kohlsorten um die Wette.

TIPP

Bratwürste oder Rostbrätel (siehe S. 24) dazu reichen.

Rawenzele-Salat

Zutaten für 4 Personen

1 kg Kartoffeln (fest kochend)
2 Zwiebeln
200 g Speck
4 EL Sonnenblumenöl
3 EL Weinessig
125 g Schmant
1 EL Senf
Salz
frisch gemahlener weißer Pfeffer
1 Prise Zucker
200 g Rawenzele (Feldsalat)

- Die Kartoffeln in der Schale kochen, pellen und in Scheiben schneiden
- Die Zwiebeln schälen und fein hacken
- Den Speck in kleine Würfel schneiden und ohne Fett in einer Pfanne kross ausbraten
- Öl, Essig, Schmant und Senf verrühren; mit Salz, Pfeffer und Zucker abschmecken
- Zwiebeln und Speckwürfel zusammen mit dem Speckfett untermischen
- Die Kartoffelscheiben in eine Schüssel geben; die Salatsoße darüber geben
- Zugedeckt 2 Stunden ziehen lassen
- Die Rawenzele waschen, abtropfen lassen und unter den Salat heben
- Sofort servieren.

Rawenzele wird der Feldsalat nur mancherorts genannt, denn dieser Salat mit dem nussigen Geschmack hat vielerlei Namen: Rebkresse, Ackerlattich, Mäuseöhrchen, Nüsslisalat, Vogerlsalat. Unsere Altvorderen holten sich das Kraut, das zur Familie der Baldriangewächse gehört und wild zwischen dem Wintergetreide wuchs, von den Feldern. Heute sind die kräftigen grünen Blätter zum „Luxus-Salat“ avanciert.

Erfurter Blumenkohlsalat

Zutaten für 4 Personen
1 Blumenkohl
Salz
2 hart gekochte Eier
4 EL gehackte Kräuter (Petersilie, Schnittlauch)
100 ml Weinessig
4 EL Öl
1/2 TL Zucker
Pfeffer

- Die Blumenkohlröschen vom Strunk lösen, waschen und in Salzwasser bissfest kochen
- Herausnehmen, abtropfen lassen und in eine Salatschüssel geben
- Die Eier pellen und in kleine Würfel schneiden
- Die Kräuter mit Essig, Öl, Zucker, Salz und Pfeffer verrühren und über den Blumenkohlröschen verteilen
- Die Eiwürfel darüber geben.

Beim Einkauf von Blumenkohl, der auch Karfiol, Blütenkohl, Traubenkohl oder Käsekohl genannt wird, sollte man darauf achten, dass der Blumenkohlkopf eine gleichmäßige Wölbung hat und fest, aber nicht zu hart ist. Die grünen Blätter sollten keine gelblichen Verfärbungen haben und knackig sein.
Blumenkohl sollte man nicht länger als 1–2 Tage im Kühlschrank lagern. Längere Lagerung bestraft er mit einer unangenehmen Duftnote.

Käsepfanne

Zutaten für 4 Personen
6 Semmeln (à 50 g)
1/8 l Milch
1/8 l Schlagsahne
200 g Reibekäse
200 g Schinkenspeck
2 Zwiebeln
50 g Butter

- Die Semmeln in Scheiben schneiden, in eine Schüssel geben und mit Milch und Sahne übergießen
- Den Reibekäse untermischen
- Den Schinkenspeck in kleine Würfel schneiden
- Die Zwiebeln pellen und fein hacken
- In einer Pfanne die Butter zerlassen und die Zwiebeln darin andünsten
- Die Schinkenwürfel zugeben und kurz mitrösten
- Die Semmelmasse zugeben und unter Rühren bei milder Hitze goldbraun braten.

Die Thüringer Küche ist eine Butter- und Sahne-Küche. Zur Sahne greift man besonders häufig. Mal süß, mal sauer, mal als Schmant – mit ihr verfeinert man Backwerk und Speisen in verschwenderischer Fülle. Besonders die Soßen, auf die versteht man sich im Kloß-, Bratwurst- und Kuchenland bestens, bekommen eine tüchtige Portion ab.

TIPP

Die Zwiebelringe während des Bratens häufig wenden, sonst werden sie zu dunkel und schmecken bitter.

Rostbrätel

Zutaten für 4 Personen

2 Zwiebeln
100 g Butterschmalz
Salz
4 Scheiben Schweinefleisch à 200 g (Kammstück ohne Knochen)
Pfeffer
3 EL dunkles Bier

- Die Zwiebeln schälen und in Ringe schneiden
- In einer Pfanne 50 g Butterschmalz erhitzen, die Zwiebelringe hineingeben und goldbraun braten
- Herausnehmen, salzen und warm stellen
- Die Fleischscheiben waschen, trockentupfen, mit Salz und Pfeffer würzen
- In die Zwiebelpfanne das restliche Butterschmalz geben, erhitzen, die Fleischscheiben hineinlegen, auf beiden Seiten knusprig braten und dabei mit Bier bespritzen
- Die Fleischscheiben auf vorgewärmte Teller geben; die Zwiebelringe auf den Fleischscheiben verteilen
- Mit Landbrot und dunklem Bier servieren.

Rostbrätel schmecken am besten, wenn sie vom Grill kommen. Das mag an der Thüringer Holzkohle liegen, die mit Kiefernzapfen zur Glut gebracht wird, am Einfetten des Grillrosts, am Bespritzen mit Bier – da hat jeder Grillmeister sein Geheimnis. Anstelle des Brotes reicht man zum Rostbrätel auch gern Kartoffelsalat.

Stolzer Heinrich

Zutaten für 4 Personen

50 g Butterschmalz
8 Thüringer Bratwürste
1 EL Mehl
1/4 l Fleischbrühe
1/4 l helles Bier
1 EL Essig
1/2 TL abgeriebene Zitronenschale
Salz
Pfeffer
1 TL Kapern
2 EL Zitronensaft

- In einer Pfanne das Butterschmalz erhitzen, die Bratwürste hineinlegen und ringsum knusprig braten
- Herausnehmen und warm stellen
- Das Mehl in das Bratfett rühren und anschwitzen
- Unter Rühren Fleischbrühe und Bier zugießen
- Den Essig und die Zitronenschale einrühren, alles 10 Minuten köcheln lassen
- Mit Salz, Pfeffer, Kapern und Zitronensaft abschmecken
- Die Bratwürste hineingeben und 5 Minuten ziehen lassen
- Dazu passen Pellkartoffeln oder gebuttertes Landbrot.

Tipp

Man kann zur Soße noch 1 Prise Ingwer, 2 bis 3 EL Weißwein und anstelle des Zitronensaftes 2 bis 3 Zitronenscheiben von unbehandelten Zitronen geben.

Brathering
auf Sondershäuser Art

Zutaten für 4 Personen

8 küchenfertige grüne Heringe
Saft von 2 Zitronen
Salz
80 g Mehl
100 g Butterschmalz
1/2 l Weinessig
4 Zwiebeln
1 TL Zucker
1 Lorbeerblatt
10 Senfkörner

- Die Heringe waschen, trockentupfen, mit Zitronensaft beträufeln, salzen und in Mehl wälzen
- In einer Pfanne Butterschmalz erhitzen, die Heringe hineingeben und auf beiden Seiten je 6 Minuten braten
- Herausnehmen und warm stellen
- Den Essig mit $^1/_2$ l Wasser in einen Topf geben.
- Die Zwiebeln schälen, in Ringe schneiden, mit dem Zucker, dem Lorbeerblatt und den Senfkörnern in den Topf geben, erhitzen, kurz aufwallen lassen, vom Herd nehmen und abkühlen lassen
- Die warmen Heringe mit der abgekühlten Marinade übergießen und zugedeckt über Nacht ziehen lassen.

Tipp

Den Fisch möglichst am Einkaufstag zubereiten.

Bis zum Braten in einem Glas- oder Porzellangefäß im Kühlschrank aufbewahren.

Kartoffelsuppe
mit Sahne

Zutaten für 4 Personen
2 Zwiebeln
2 Bund Brunnenkresse
500 g Kartoffeln (mehlig kochend)
100 g Butter
1 1/4 l Fleischbrühe
Salz
2 Eier
125 g Schlagsahne

- Die Zwiebeln schälen und in kleine Würfel schneiden
- Die Brunnenkresse waschen, die Wurzeln entfernen, die Blätter abzupfen und für die Garnierung beiseite legen
- Die Kartoffeln schälen und grob zerkleinern
- In einem Topf die Hälfte der Butter zerlassen, Zwiebeln und die Stiele der Brunnenkresse darin andünsten
- Kartoffeln, Fleischbrühe und Salz zugeben, zum Kochen bringen und 20 Minuten köcheln lassen
- Durch ein Sieb streichen oder mit dem Pürierstab pürieren
- Eier und Sahne verrühren, zur Suppe geben und kurz erwärmen, aber nicht mehr kochen lassen
- Die Suppe auf vorgewärmte Teller füllen und die Brunnenkresseblättchen darüber geben.

Leichtgewichte sind die Thüringer Suppen nicht. Egal, ob sie gerührt oder gestampft auf die Teller kommen und mit Kräutern oder vielerlei Gemüse aufgepeppt werden, ist Sahne, Bier, Fleisch, Wurst, Geflügel und vielerlei Würzkunst im Spiel.

Tipp

Auch gehackte Petersilie, kross ausgebratene Speckwürfel oder knusprig gebratene Rotwurststücke (Fleisch- oder Blutwurst) passen zur Kartoffelsuppe.

Kartoffelsuppe
mit Blutwurst

Zutaten für 4 Personen

500 g Kartoffeln (mehlig kochend)
1 Lorbeerblatt
2 Nelken
4 Wacholderbeeren
Salz
1 Knoblauchzehe
2 Zwiebeln
100 g Soßenlebkuchen
2 EL Weinessig
1 TL Zucker
1 EL Rübensirup
200 g durchwachsener Speck
4 Scheiben Blutwurst à 150 g
2 EL gehackte Petersilie

- Die Kartoffeln schälen, klein schneiden und mit dem Lorbeerblatt, den Nelken und den Wacholderbeeren in 1 l Salzwasser zum Kochen bringen
- Knoblauchzehe und Zwiebeln schälen, fein schneiden und zu den Kartoffeln geben
- Alles 15 Minuten garen, dann durch ein Sieb streichen
- Den Soßenlebkuchen zerbröckeln, in etwas Wasser glatt rühren und zur Suppe geben
- Alles mit Essig, Zucker und Sirup abschmecken
- Den Speck in kleine Würfel schneiden, in einer Pfanne kross ausbraten und ohne Bratfett zur Suppe geben
- Die Blutwurst im Speckbratfett auf beiden Seiten knusprig braten
- Die Suppe auf vorgewärmte Teller füllen und in die Mitte jeweils eine Blutwurstscheibe legen
- Mit Petersilie bestreut servieren.

Diese Suppe wird in Thüringen in rustikalen Tellern serviert. Besonders beliebt ist das Geschirr mit den kleinen und großen blau-weißen Pünktchen, das aus dem Töpferstädtchen Bürgel kommt. Seit über 300 Jahren wird das Gebrauchsgeschirr hergestellt – Tassen, Teller, Kannen, Krüge und Schüsseln.

Leberwurstsuppe

Bild oben

Zutaten für 4 Personen

300 g Roggenbrot
400 g Thüringer Leberwurst
2 Zwiebeln
1 Stange Porree
50 g Sellerie
1 Möhre
50 g Butter
1 1/4 l Fleischbrühe
Salz
Pfeffer
1 EL frischer Majoran

- Das Brot in Würfel schneiden
- Von der Leberwurst die Pelle entfernen
- Die Zwiebeln schälen und in Ringe schneiden
- Den Porree waschen und feinstreifig schneiden
- Sellerie und Möhre putzen und zerkleinern
- In einem Topf die Butter erhitzen, das Gemüse zufügen und anschwitzen
- Brotwürfel, Leberwurst und Brühe zugeben
- Mit Salz, Pfeffer und Majoran würzen, erhitzen und 20 Minuten köcheln lassen, dabei ab und zu umrühren

TIPP
Dazu schmeckt Rawenzele-Salat. Als Getränke passen Nordhäuser Doppelkorn und Bier.

Brotsuppe mit Leberwurst war ein beliebtes Essen zur Taufe. Wichtig war, dass der Pate bei Taufen von jedem Gericht essen musste, um zu verhindern, dass das Kind ein Schiefmaul bekommt.

Thüringer Schnippelsuppe

Zutaten für 4 Personen

1 Stange Porree

2 Möhren

100 g Sellerie

1 kleiner Kohlrabi

1 Zwiebel

6 mittelgroße Kartoffeln (fest kochend)

1 Bund frischer Majoran

50 g Butter

1 1/4 l Fleischbrühe

Salz

frisch gemahlener weißer Pfeffer

150 g durchwachsener Speck

- Porree, Möhren und Sellerie putzen, waschen und in kleine Stücke schneiden (schnippeln)
- Den Kohlrabi und die Zwiebel schälen und in kleine Würfel schneiden
- Die Kartoffeln schälen und ebenfalls in Würfel schneiden
- Den Majoran waschen und fein wiegen
- In einem Topf die Butter zerlassen und die Zwiebelwürfel darin glasig dünsten
- Porree, Möhren, Sellerie, Kohlrabi und Kartoffeln zufügen, kurz andünsten und die Fleischbrühe angießen
- Den Majoran zugeben, alles mit Salz und Pfeffer würzen, zum Kochen bringen und 15 Minuten köcheln lassen
- Inzwischen den Speck in kleine Würfel schneiden und in einer Pfanne kross ausbraten
- Den Speck vor dem Servieren mit dem Bratfett zur Suppe geben.

Weil die Thüringer so gern schnippeln (schneiden), vor allem frisches Gemüse aus dem Garten oder vom Markt, entstand die köstliche und längst berühmte Schnippelsuppe.

Schlachtesuppe
mit Schnapphütes

Zutaten für 4 Personen

200 g Hackfleisch (vom Schwein)
Salz
frisch gemahlener weißer Pfeffer
1 Zwiebel
1 Knoblauchzehe
1 Ei
200 g Thüringer Kartoffelkloßteig (siehe Rezept S. 60/61)
1 1/2 l Fleischbrühe
100 g Thüringer Rotwurst (Blutwurst)
50 g Leberwurst
50 g Sülzwurst
etwas Majoran und Thymian, frisch oder getricknet

- Das Hackfleisch in einer Schüssel mit Salz und Pfeffer würzen
- Die Zwiebel und die Knoblauchzehe schälen, fein schneiden und mit dem Ei unter das Fleisch mischen
- Den Kloßteig zufügen und alles verkneten
- In einem Topf die Fleischbrühe erhitzen
- Aus der Fleischmasse kirschgroße Klößchen formen
- 15 Minuten in der siedenden Brühe ziehen lassen
- Blutwurst, Leberwurst und Sülzwurst in kleine Würfel schneiden, zur Brühe geben und 5 Minuten mitziehen lassen
- Mit Majoran und Thymian abschmecken.

Schnapphütes heißen die kleinen Kartoffelklößchen, weil man sie mit einem Happen „schnappen“ kann.

Tipp

Sie können die Zwiebelsuppe auch mit Kümmel würzen.

Obenauf passen auch andere frische Kräuter wie Petersilie, Thymian oder Dill.

Weimarer Zwiebelsuppe

Zutaten für 4 Personen

4 Zwiebeln
1 Stange Porree
80 g Butter
1 Apfel
1 l Fleischbrühe
1/8 l helles Bier
Salz
frisch gemahlener weißer Pfeffer
1/2 TL getrockneter Majoran
1/2 TL Zucker
100 g Reibekäse
2 EL Schnittlauchröllchen

- Die Zwiebeln schälen und in Ringe schneiden
- Den Porree putzen, waschen und in Streifen schneiden
- Die Butter in einem Topf erhitzen, Zwiebeln und Porree hineingeben und anschwitzen
- Den Apfel schälen, entkernen, reiben und zur Zwiebelmasse geben
- Brühe und Bier angießen
- Mit Salz, Pfeffer, Majoran und Zucker würzen
- 15 Minuten köcheln lassen
- Auf 4 Tellern verteilen, Reibekäse und Schnittlauchröllchen auf die Suppe streuen
- Schwarzbrot dazu reichen.

Weinen muss man beim Zwiebelschneiden nicht unbedingt! Es lässt sich mäßigen, wenn man dabei das Fenster öffnet, die geschälte Zwiebel kurz in kaltes Wasser taucht, danach halbiert und die Schnittfläche auf ein Brett legt. Die Hälften dann zunächst in Scheiben, danach in Würfel schneiden.

Zwiebeltopf

Zutaten für 4 Personen

50 g getrocknete Pilze
250 g gekochter Schinken
300 g Schinkenschwarten
500 g Zwiebeln
2 Knoblauchzehen
2 Stangen Porree
300 g Champignons
5 mittelgroße Kartoffeln (fest kochend)
100 g Pfifferlinge
2 EL Butterschmalz
2 EL gehackte Kräuter

- Die Pilze in Wasser einweichen
- Schinken und Schwarten in einen Topf geben, 1 1/2 l Wasser angießen, zum Kochen bringen und 1 Stunde köcheln lassen
- Zwiebeln und Knoblauchzehen schälen und fein schneiden
- Den Porree waschen und in Ringe, die Champignons feinblättrig schneiden
- Die Kartoffeln schälen und in Scheiben schneiden
- Den Schinken und die Schwarte aus der Brühe nehmen
- Den Schinken in kleine Würfel schneiden
- In einem Topf das Butterschmalz erhitzen, Zwiebeln, Knoblauch, Porree, Champignons und Pfifferlinge hineingeben und andünsten
- Die Kartoffelscheiben darauf geben, die Schinkenbrühe angießen, die eingeweichten Pilze mit der Flüssigkeit und die Schinkenwürfel zufügen
- Alles zum Kochen bringen und 10 Minuten köcheln lassen
- Mit Kräutern bestreut servieren.

Zwiebeln halten in Thüringen enge Freundschaft mit Speck und Schinken. Sie würzen Suppen, Eintöpfe, Salate, Kartoffelgerichte. Der Zwiebelkuchen wird natürlich besonders dick belegt.

Kartoffeltopf
mit Rotwurst

Zutaten für 4 Personen

1 kg Kartoffeln (mehlig kochend)
500 g Rotwurst
50 g Butter
2 EL gehackte Zwiebeln
2 EL Mehl
3/4 l Milch
100 ml Weißwein
Salz
frisch gemahlener weißer Pfeffer
1 Msp abgeriebene Muskatnuss
3 EL gehackte Petersilie

- Die Kartoffeln in der Schale kochen, abgießen, pellen und in Scheiben schneiden
- Die Rotwurst in mundgerechte Stücke schneiden
- In einer Pfanne die Butter erhitzen, die Zwiebeln hineingeben und glasig werden lassen
- Das Mehl darüber stäuben und leicht bräunen
- Die Milch angießen und 5 Minuten unter Rühren köcheln lassen
- Rotwurst und Kartoffeln zugeben und erhitzen
- Den Weißwein einrühren, mit Salz, Pfeffer und Muskat würzen
- Die gehackte Petersilie darüber streuen.

Weil es in Thüringen (fast) immer um die Wurst geht, darf sie auch bei diesem Gericht nicht fehlen. Man mag sie (Leberwurst, Sülzwurst, Eichsfelder Feldkieker, Greußener Salami) aber auch auf einer dick gebutterten Schwarzbrotscheibe.

Gemüsetopf
mit Pfifferlingen

Zutaten für 4 Personen

3 Möhren
200 g grüne Bohnen
200 g ausgepalte grüne Erbsen
200 g Pfifferlinge
2 Tomaten
400 g Kartoffeln (fest kochend)
1/2 l Fleischbrühe
100 ml Weißwein
2 EL Zitronensaft
Salz
1/2 TL Zucker
frisch gemahlener weißer Pfeffer
80 g Butter
2 EL gehackte Petersilie

- Die Möhren putzen, waschen und in nicht zu kleine Stücke schneiden
- Die Bohnen putzen, Fäden abziehen und in der Mitte brechen
- Erbsen und Pfifferlinge waschen und abtropfen lassen
- Die Tomaten mit kochendem Wasser überbrühen, häuten und in Viertel schneiden
- Die Kartoffeln schälen, waschen und in Scheiben schneiden
- Das Gemüse vermischen und in eine feuerfeste Form geben
- Fleischbrühe und Weißwein, Zitronensaft, Salz, Zucker und Pfeffer verrühren und über das Gemüse gießen
- Die Butter in Flöckchen aufsetzen
- Zugedeckt im vorgeheizten Backofen bei 180 °C (Gas Stufe 2–3, Umluft 160 °C) 25 Minuten garen
- Herausnehmen, mit Salz und Pfeffer abschmecken und mit Petersilie bestreuen.

Tipp

Ob Pfifferlinge von guter Qualität sind, erkennt man daran, dass sie knackig sind und angenehm duften.

Linsentopf *Bild rechts*

Zutaten für 4 Personen

300 g Linsen
300 g Gemüse (Möhren, Zwiebeln, Sellerie)
150 g durchwachsener Speck
2 EL Weinessig
1 TL Zucker
Salz
frisch gemahlener weißer Pfeffer
50 g Butterschmalz
4 Scheiben Rotwurst (à 125 g)

- Die Linsen am Vorabend in 1 l Wasser einweichen
- Am nächsten Tag mit dem Einweichwasser in einen Topf geben und erhitzen
- Das Gemüse putzen, waschen, zerkleinern und zu den Linsen geben
- Alles 60 Minuten köcheln lassen
- Den Speck in kleine Würfel schneiden und kross ausbraten
- Die Linsen mit Essig, Zucker, Salz und Pfeffer würzen
- Die Speckwürfel mit dem Fett zugeben, warm stellen
- In einer Pfanne das Butterschmalz erhitzen, die Rotwurstscheiben hineingeben und auf beiden Seiten knusprig braten
- Auf den Linsen anrichten.

Biersuppe

Zutaten für 4 Personen

4 Scheiben Schwarzbrot
1 EL Butter
4 Eigelb
1 EL Zucker
1 Prise Salz
1/4 l saure Sahne
1 TL gemahlener Kümmel
1 l helles Bier

- Das Brot in Würfel schneiden
- In einer Pfanne die Butter erhitzen und die Brotwürfel darin rösten
- Eigelb, Zucker, Salz, saure Sahne und den Kümmel in einen Topf geben und verrühren
- In einem anderen Topf das Bier auf 90 °C (kurz vor dem Sieden) erhitzen und allmählich in die Eimasse einrühren
- Nochmals leicht erhitzen, aber nicht kochen lassen
- Auf vorgewärmte Teller füllen und die Brotwürfel darüber streuen.

„Heute sind wir ganz verrückt, heut lassen wir was raus. Wir kaufen uns ein Fass voll Bier und trinken es ganz aus. Geht nichts mehr in den Bauch hinein, dann holen wir 'nen Schlauch Und gießen das, was übrig bleibt, uns einfach übern Bauch."

Volksmund

Kartoffeltopf
mit Entenkeulen

Zutaten für 4 Personen

200 g geschälte gelbe Erbsen
2 geräucherte Entenkeulen
2 Zwiebeln
1 Lorbeerblatt
2 Zweige Liebstöckel
3 Möhren
200 g Sellerie
6 mittelgroße Kartoffeln (fest kochend)
1 Stange Porree
einige Liebstöckelblättchen zum Garnieren

- Die Erbsen über Nacht einweichen, danach abgießen
- Mit den Entenkeulen in einen Topf geben, 2 l Wasser angießen, aufkochen lassen und abschäumen
- Die Zwiebeln schälen, mit dem Lorbeerblatt und dem Liebstöckel in den Topf geben und alles 2 Stunden garen
- Die Keulen herausnehmen, Zwiebeln, Lorbeerblatt und Liebstöckel entfernen
- Möhren und Sellerie putzen, waschen und in Stifte schneiden
- Den Porree putzen und feinstreifig schneiden
- Die Kartoffeln schälen, waschen, ebenfalls in Stifte schneiden und mit den Möhren, dem Sellerie und dem Porree zur Suppe geben
- Alles erhitzen und 20 Minuten köcheln lassen
- Das Fleisch in mundgerechte Stücke schneiden und zur Suppe geben
- Mit Salz und Pfeffer würzen und mit Liebstöckelblättchen bestreut servieren.

Liebstöckel würzt nicht nur Suppen und Eintöpfe, sondern ist auch bei Salaten beliebt. Allerdings sollte das aromatische Kräutlein den Geschmack des Gerichts unterstreichen und niemals überdecken.

Sauerkrautsuppe
mit Bratwurst

Zutaten für 4 Personen

1 Zwiebel
400 g Sauerkraut
50 g Butterschmalz
1 EL Mehl
1 l Fleischbrühe
1 Lorbeerblatt
2 Wacholderbeeren
4 Pfefferkörner
1 TL Paprikapulver (edelsüß)
Salz
1/2 TL Zucker
2 EL Zitronensaft
1/4 l saure Sahne
4 Bratwürste

- Die Zwiebel schälen und fein hacken
- Das Sauerkraut abtropfen lassen und fein schneiden
- In einem Topf das Butterschmalz erhitzen, die Zwiebel hineingeben, kurz andünsten, das Mehl einrühren und eine Schwitze zubereiten
- Nach und nach die Brühe angießen und gut verrühren
- Dann das Sauerkraut, das Lorbeerblatt, die Wacholderbeeren und die Pfefferkörner unterrühren und zugedeckt 20 Minuten garen
- Mit Paprikapulver, Salz, Zucker und Zitronensaft abschmecken und mit der sauren Sahne verfeinern, warm stellen
- Die Bratwürste in Scheiben schneiden
- In einer Pfanne das Butterschmalz erhitzen, die Wurstscheiben auf beiden Seiten knusprig braten
- Die Suppe auf vorgewärmte Teller füllen und obenauf die Bratwurstscheiben geben.

Tipp

Anstelle der sauren Sahne kann man auch Schmant verwenden.

Gemüsesuppe
mit Schmant

Zutaten für 4 Personen

100 g durchwachsener Speck
150 g Sauerkraut
1 Möhre
100 g Porree
200 g Knollensellerie mit Grün
800 g Kartoffeln (mehlig kochend)
1 EL Butterschmalz
1 EL gehackte Zwiebel
1 1/4 l Fleischbrühe
1/4 l Schlagsahne
4 EL Schmant
Schnittlauchröllchen zum Garnieren

- Den Speck in kleine Würfel schneiden
- Das Sauerkraut abtropfen lassen, fein zerkleinern und beiseite stellen
- Möhre und Porree putzen und in Scheiben schneiden
- Sellerie schälen und in Würfel schneiden
- Die Kartoffeln schälen und grob zerkleinern
- In einem Topf das Butterschmalz erhitzen, den Speck hineingeben und ausbraten
- Die Zwiebel zufügen und kurz mitbraten
- Möhre, Porree, Sellerie, Kartoffeln und 2 Stiele vom Selleriegrün zugeben und die Brühe angießen
- 20 Minuten garen
- Selleriestiele herausnehmen und die Suppe durch ein Sieb streichen oder mit dem Pürierstab pürieren
- Die Schlagsahne unterrühren, die Suppe kurz aufkochen lassen, auf vorgewärmte Suppenteller jeweils etwas Sauerkraut geben, mit Suppe auffüllen und in die Mitte einen Klecks Schmant setzen
- Mit Schnittlauchröllchen bestreut servieren.

So ist der Thüringer: „Ä Thüringer is nich nor gemütlich, ar is och pfiffig und halle. Vor allem macht ar gerne Schabernack. Ar is o nich uffs Maul gefoll'n. Ar hat su etwas, was mer aben nich uf d'r Schule lerne kann.“

Ernst Heinecke

Sauerkrauttopf
mit Zervelatwurst

Zutaten für 4 Personen

3 Zwiebeln
3 Knoblauchzehen
1 kg Sauerkraut
50 g Gänseschmalz
2 Nelken
6 Wacholderbeeren
2 Lorbeerblätter
Salz
frisch gemahlener schwarzer Pfeffer
1 TL Zucker
250 g durchwachsener Speck
1/4 l Weißwein
2 Äpfel
300 g Zervelatwurst
50 g Butter
150 g Schwarzbrot, in kleine Würfel geschnitten

- Die Zwiebeln und die Knoblauchzehen schälen und fein hacken
- Das Sauerkraut abtropfen lassen und grob zerkleinern
- In einem Topf das Fett erhitzen, die Zwiebeln darin andünsten, Knoblauchzehen, die Hälfte des Sauerkrauts, Nelken, Wacholderbeeren und Lorbeerblätter dazugeben
- Mit Salz, Pfeffer und Zucker würzen
- Den Speck in Scheiben schneiden und auf das Kraut legen
- Das restliche Sauerkraut darauf geben
- Den Wein angießen
- Die Äpfel ausstechen, schälen, in feine Scheiben schneiden und auf das Kraut geben
- Zugedeckt 40 Minuten garen, dabei hin und wieder umrühren, wenn nötig etwas Wasser zufügen
- Die Zervelatwurst in Scheiben schneiden und auf das Kraut legen
- 10 Minuten mitschmoren lassen
- In einer Pfanne die Butter zerlassen und die Brotwürfel darin rösten
- Das Kraut auf vorgewärmte Teller füllen und die gerösteten Brotwürfel aufstreuen.

TIPP

Das klein geschnittene rohe Fett aus der Bauchhöhle der Gans ergibt zusammen mit einem Zweig Beifuß, einigen geschälten Spalten von säuerlichen Äpfeln, dem gleichen Teil Schweineschmalz sowie dem abgeschöpften Bratenfett ein köstliches Gänseschmalz.

Brunnenkressesuppe

Zutaten für 4 Personen

2 Hand voll Brunnenkresse

250 g Spinat

50 g Butter

150 g Schwarzbrot, in kleine Würfel geschnitten

1 1/4 l Fleischbrühe

Salz

frisch gemahlener weißer Pfeffer

1/2 TL Zucker

150 g Schmant

Saft von 1/2 Zitrone

4 Eigelb

Kresse zum Garnieren

- Brunnenkresse und Spinat verlesen, die Stiele entfernen
- Die Spinatblätter waschen und abtropfen lassen
- Die Butter in einer Pfanne zerlassen und die Brotwürfel darin rösten, beiseite stellen
- Brunnenkresse und Spinat in einen Topf geben und 1/4 l Fleischbrühe angießen
- Erhitzen, kurz aufwallen lassen und pürieren
- Die restliche Fleischbrühe zugießen, alles kurz aufkochen lassen und mit Salz, Pfeffer und Zucker abschmecken
- 100 g Schmant und Zitronensaft zufügen
- Vom Herd nehmen
- Den restlichen Schmant mit dem Eigelb verrühren und zur Suppe geben
- Die Suppe auf vorgewärmte Teller verteilen, mit Schwarzbrotwürfeln bestreuen und mit Kresseblättchen garnieren.

Brunnenkresse schmeckt in der Suppe und als Garnierung. Sie gibt Quark, Butter und Salatsoßen eine köstliche aromatische Note. Außerdem ist sie gesund. Sie fördert die Durchblutung, reinigt das Blut, lindert Gicht- und Rheumaleiden. Auch Spinat ist gesund, er gilt sogar im Volksmund als „halbe Apotheke“, wenngleich sein Eisengehalt längst nicht so hoch ist, wie früher angenommen.

TIPP Beim Einkauf sollten Sie darauf achten, dass die Spinatblätter und -stiele grün und knackig sind.

Watteklöße und Pilzgulasch

Zutaten für 4 Personen

Für das Gulasch:

5 Zwiebeln

1 kg Gulasch (halb Schwein, halb Rind, in mundgerechte Würfel geschnitten)

1 EL Butterschmalz

Salz

frisch gemahlener weißer Pfeffer

1/2 l helles Bier

250 g Waldpilze

6 EL dicke saure Sahne

2 EL gehackte Petersilie

Für die Klöße:

2 Semmeln

40 g Butter

1 kg Kartoffeln (mehlig kochend)

2 Eier

80 g Kartoffelmehl

Salz

1 Msp geriebene Muskatnuss

- Die Zwiebeln schälen und in feine Würfel schneiden
- Das Fleisch waschen und trockentupfen
- In einem Topf das Butterschmalz erhitzen, die Zwiebeln hineingeben, glasig werden lassen, das Fleisch zufügen, ringsum anbraten und mit Salz und Pfeffer würzen
- Das Bier angießen und alles 50 Minuten köcheln lassen
- Die Pilze abreiben, putzen, klein schneiden, zum Fleisch geben und alles weitere 10 Minuten köcheln lassen
- Die Sahne einrühren, mit Salz und Pfeffer abschmecken
- Zuletzt die Petersilie aufstreuen
- für die Klöße die Semmeln in kleine Würfel schneiden
- In einer Pfanne die Butter erhitzen und die Semmelwürfel darin goldgelb rösten
- Die Kartoffeln in der Schale gar kochen, pellen und durch die Kartoffelpresse drücken
- Die Kartoffelmasse mit den Eiern, Kartoffelmehl, Salz und Muskat verkneten
- In einem Topf Salzwasser zum Kochen bringen
- Aus dem Teig mit nassen Händen Klöße formen, einige Semmelwürfel in die Mitte geben und in das kochende Salzwasser legen
- Im leicht siedenden Wasser 15 Minuten ziehen lassen.

Tipp

Bei Kartoffelklößen muss man darauf achten, wirklich mehlig kochende Kartoffeln zu verwenden. Sogar bei diesen Sorten gibt es Unterschiede im Kochverhalten. So besitzen zum Beispiel Kartoffeln aus Thüringen und dem Vogtland mehr Stärke als Kartoffeln aus Leipzig. Daher kann es vorkommen, dass der Kloßteig nicht fest genug wird, wenn der Stärkegehalt der Kartoffelsorte zu gering ist. Dies kann man dann mit dem Zusatz von etwas Stärkemehl ausgleichen.

Thüringer Klöße und Gänsebraten

Zutaten für 4 Personen

Für den Gänsebraten:

1 küchenfertige Gans (2,5 kg)
Salz
frisch gemahlener weißer Pfeffer
2 Stängel Beifuß
1 Zwiebel
1 Bund Suppengrün
1 EL Mehl
1/4 l Schlagsahne

Für die Füllung:

100 g Weißbrot
100 ml Milch
4 EL Schlagsahne
1 Zwiebel
2 Eier
Salz
frisch gemahlener weißer Pfeffer
1 Msp abgeriebene Muskatnuss
250 g Hackfleisch (halb Rind, halb Schwein)

- Die Gans waschen, trockentupfen, innen und außen mit Salz und Pfeffer einreiben
- Den Beifuß in die Bauchhöhle legen
- Zwiebeln und Suppengrün putzen und zerkleinern
- Für die Füllung das Weißbrot klein schneiden und in eine Schüssel geben
- Milch und Sahne erhitzen und über das Weißbrot gießen
- Die Zwiebel schälen und fein hacken
- Mit den Eiern, den Gewürzen und dem Hackfleisch zur Weißbrotmasse geben
- Alles gut vermischen und die Gans damit füllen
- Die Öffnung mit Küchengarn zunähen
- In die Fettpfanne des Backofens 300 ml Wasser geben, Zwiebeln und Suppengrün zufügen, die Gans hineinlegen und zugedeckt im vorgeheizten Backofen bei 200 °C (Gas Stufe 3, Umluft 180 °C) 90 Minuten schmoren lassen
- Danach bei gleicher Temperatur die Gans 90 Minuten auf dem Rost weiterbraten, dabei mehrmals wenden
- Die Fettpfanne mit dem Bratenfond darunter stellen
- Bei Bedarf etwas Wasser nachgießen
- 10 Minuten vor Ende der Bratzeit die Gans mit Salzwasser einpinseln, damit sie knusprig wird
- Die Gans herausnehmen und warm stellen
- Vom Bratenfond im Bräter das Fett abschöpfen und die Soße durch ein Sieb gießen
- Das Mehl in der Sahne verquirlen und die Soße damit binden
- Mit Salz und Pfeffer abschmecken und warm stellen
- Für die Klöße die Semmeln in kleine Würfel schneiden
- In einer Pfanne die Butter erhitzen und die Semmelwürfel darin goldgelb rösten
- Die Kartoffeln schälen und waschen

Für die Klöße:

2 Semmeln

40 g Butter

2,5 kg Kartoffeln (mehlig kochend)

100 ml Milch

Salz

- Ein Drittel davon grob zerkleinern und in Salzwasser weich kochen
- Die Milch erhitzen
- Das Kartoffelwasser bis auf einen kleinen Teil abgießen und mit der heißen Milch einen dickflüssigen Kartoffelbrei bereiten
- In eine Schüssel etwas kaltes Wasser geben und die restlichen Kartoffeln hinein reiben
- Die Masse in ein Tuch geben und gründlich auspressen, dabei die Flüssigkeit in einem Gefäß auffangen, sodass sich die Stärke absetzen kann
- In einem Topf Salzwasser zum Kochen bringen
- Den Kartoffelbrei ebenfalls zum Kochen bringen und über die geriebene Kartoffelmasse gießen
- Die abgesetzte Stärke und 1 TL Salz zugeben
- Alles rasch verkneten
- Mit nassen Händen Klöße formen und in die Mitte einige Semmelwürfel geben
- Die Klöße in das kochende Salzwasser legen und im leicht siedenden Wasser 20 Minuten ziehen lassen.

TIPP

Zu Klößen passen neben Geflügelgerichten auch Wild- und Wildgeflügelgerichte sowie Kaninchen-, Rinder- und Schweinebraten.

Stallhasenbraten
mit Klößen von gekochten Kartoffeln

Zutaten für 4 Personen

Für den Braten:

- 1 küchenfertiges Kaninchen (etwa 1,7 kg)
- Salz
- frisch gemahlener schwarzer Pfeffer
- 3 Zwiebeln
- 1 EL Butter
- 2 EL Zucker
- 2 EL Butterschmalz
- 1/2 l helles Bier
- 2 EL gewaschene Rosinen
- 3 EL Schmant

Für die Klöße:

- 2 Semmeln
- 40 g Butter
- 1 kg Kartoffeln (mehlig kochend)
- 1/4 l saure Sahne
- 4 Eier
- 80 g Mehl
- 1 Msp abgeriebene Muskatnuss

- Das Kaninchen waschen, trockentupfen, in Stücke teilen und mit Salz und Pfeffer einreiben
- Die Zwiebeln schälen und in Scheiben schneiden
- In einer Pfanne die Butter erhitzen, den Zucker zugeben und karamellisieren lassen, die Zwiebeln zufügen und 5 Minuten braten
- Vom Herd nehmen
- In einem Bräter das Butterschmalz erhitzen, das Fleisch hineingeben und ringsum anbraten
- Die karamellisierten Zwiebeln und 1/8 l Bier zugeben
- Zugedeckt 1 Stunde köcheln lassen
- Ab und zu etwas von dem restlichen Bier angießen
- Kurz vor Ende der Garzeit die Rosinen zufügen und etwa 5 Minuten mitköcheln lassen
- Das Fleisch herausnehmen und warm stellen
- Die Soße mit dem Schmant verfeinern und mit Salz und Pfeffer abschmecken
- Für die Klöße die Semmeln in kleine Würfel schneiden
- In einer Pfanne die Butter erhitzen und die Semmelwürfel darin goldgelb braten
- Die Kartoffeln in der Schale kochen, abgießen, pellen und durch die Kartoffelpresse drücken
- Sahne, Eier, Mehl und Muskat einarbeiten
- In einem Topf Salzwasser zum Kochen bringen
- Mit bemehlten Händen Klöße formen, Semmelwürfel in die Mitte geben, die Klöße in das siedende Salzwasser legen und bei mäßiger Hitze 15 Minuten ziehen lassen
- Mit einem Schaumlöffel herausnehmen und in eine Schüssel geben.

Wer sich Silvester eine Muskatnuss kauft und sie anschließend in die Jackentasche steckt – für ein ganzes Jahr, versteht sich – kann gewiss sein, dass er sich weder den Fuß noch den Arm bricht!

Tipp Planen Sie 2 Tage Marinierzeit für den Braten ein.

Wickelklöße und Schweinebraten
mit saurer Sahnesoße

Zutaten für 4 Personen

Für den Braten:

4 Scheiben Schweinekamm (à 200 g)
Salz
frisch gemahlener schwarzer Pfeffer
4 Zwiebeln
1 TL Zucker
8 Wacholderbeeren
2 Nelken
1 Lorbeerblatt
1/4 l Rotwein
1/8 l Weinessig
2 EL Mehl
50 g Butterschmalz
1/8 l dicke saure Sahne

- Die Fleischscheiben mit Salz und Pfeffer einreiben
- Die Zwiebeln pellen, in Ringe schneiden und in eine Schüssel geben
- Zucker, zerdrückte Wacholderbeeren, Nelken, Lorbeerblatt, Rotwein und Essig zufügen
- Die Fleischscheiben darin zwei Tage marinieren
- Das Fleisch herausnehmen, abtropfen lassen und in Mehl wenden
- In einem Tiegel das Butterschmalz erhitzen, das Fleisch hineinlegen und auf beiden Seiten anbraten
- Marinierte Zwiebelscheiben dazugeben und die Hälfte der Marinade angießen
- Zugedeckt 35 Minuten garen
- Die Fleischscheiben herausnehmen, auf einer Platte anrichten und warm stellen
- Die Soße mit saurer Sahne verfeinern und mit Salz und Pfeffer abschmecken

Für die Klöße:

1 kg Kartoffeln (mehlig kochend)

200 g Mehl

3 Eier

4 EL Milch

500 g durchwachsener Speck

3 EL Semmelbrösel

1 1/2 l klare Fleischbrühe

4 EL gehackte Kräuter (Schnittlauch, Petersilie, Dill)

- Für die Klöße die Kartoffeln in der Schale kochen, pellen und durch die Kartoffelpresse drücken
- Mehl, Eier, Salz und Milch zugeben und einen geschmeidigen Teig bereiten; sollte der Teig zu fest sein, noch etwas Milch zufügen
- Den Speck in kleine Würfel schneiden und knusprig braten, auskühlen lassen
- Den Teig zu einem 1 cm dicken Quadrat ausrollen, die abgetropften Speckwürfel und die Semmelbrösel darauf geben
- Die Teigplatte aufrollen, in 4 cm dicke Scheiben schneiden und daraus Klöße formen
- Die Fleischbrühe zum Kochen bringen und Wickelklöße bei mäßiger Hitze 15 Minuten darin ziehen lassen
- Mit einem Schaumlöffel herausnehmen, abtropfen lassen und in eine Schüssel füllen
- Das Speckfett und gehackte Kräuter darüber geben
- Mit dem Schweinekammbraten und der Soße servieren.

Rindsrouladen und Klöße
mit Steinpilzen

Zutaten für 4 Personen

Für die Rindsrouladen:

4 Rindfleischrouladen (à 200 g)
Salz
frisch gemahlener weißer Pfeffer
4 TL mittelscharfer Senf
4 kleine Zwiebeln
4 Gewürzgurken
4 dünne Scheiben durchwachsener Speck (à 50 g)
50 g Butterschmalz
1/4 l Fleischbrühe
1/8 l Schlagsahne

Für die Klöße:

2 EL getrocknete Steinpilze
1 Zwiebel
1 kg Kartoffeln (mehlig kochend)
125 g Stärkemehl
Salz
frisch gemahlener weißer Pfeffer
200 ml Milch
1 EL gehackte Petersilie

- Das Fleisch waschen und trockentupfen, mit Salz und Pfeffer einreiben und mit Senf bestreichen
- Die Zwiebeln schälen, grob zerkleinern und mit den Gewürzgurken und dem Speck auf den Fleischscheiben verteilen
- Die Fleischscheiben aufrollen und mit Rouladennadeln oder Küchengarn zusammenhalten
- In einem Topf das Butterschmalz erhitzen, die Rouladen hineingeben, ringsum anbraten, die Brühe angießen und alles etwa 75 Minuten garen
- Inzwischen für die Klöße die Pilze in etwas Wasser einweichen
- Die Zwiebel schälen und fein hacken
- Die Kartoffeln mit der Schale kochen, pellen, durch die Kartoffelpresse drücken und in eine Schüssel geben
- Stärkemehl, Salz und Pfeffer untermischen
- Die Milch erhitzen und in die Kartoffelmasse einarbeiten
- Die eingeweichten Pilze zerkleinern und zusammen mit der gehackten Zwiebel und Petersilie unter den Teig mengen
- In einem Kloßtopf Salzwasser zum Kochen bringen, aus dem Teig Klöße formen, in das kochende Salzwasser legen und 15 Minuten darin ziehen lassen
- Herausnehmen, abtropfen lassen und in eine Schüssel füllen
- Die Rouladen auf einer vorgewärmten Platte anrichten
- Die Soße mit der Sahne verfeinern und mit Salz und Pfeffer abschmecken
- Die Klöße dazu reichen.

Tipp

Anstelle der Steinpilze kann man auch Mischpilze (Rotkappen, Pfifferlinge, Maronen) verwenden. Frische Pilze sollten bei der Zubereitung höchstens kurz abgebraust werden, damit sie sich nicht voll Wasser saugen. Am besten reibt man sie nur mit einem trockenen Tuch ab.

Rehbraten

Zutaten für 4 Personen

1,5 kg Rehkeule oder -schulter
150 g Speck
Salz
frisch gemahlener schwarzer Pfeffer
100 g Butter
8 Wacholderbeeren
1/4 l Fleischbrühe
1/4 l Rotwein
1 EL Mehl
5 EL Schmant
2 EL Sauerkirschkonfitüre
2 EL Zitronensaft

- Vom Fleisch mit einem spitzen, scharfen Messer die sehnige Haut entfernen
- Das Fleisch waschen und trockentupfen
- Den Speck in 4 cm lange Streifen schneiden, den Braten damit spicken und mit Salz und Pfeffer einreiben
- In einem Bräter die Butter erhitzen, das Fleisch hineingeben und anbraten
- Die Wacholderbeeren zerdrücken und zum Fleisch geben
- Die Fleischbrühe nach und nach angießen, die Hälfte des Rotweins zufügen und alles im vorgeheizten Backofen bei 220 °C (Gas Stufe 4, Umluft 200 °C) etwa 90 Minuten braten
- Das Fleisch herausnehmen, in Alufolie wickeln und warm stellen
- Den Bratensatz mit dem restlichen Rotwein loskochen
- Das Mehl in wenig kaltem Wasser verrühren und die Soße damit binden
- Schmant und Konfitüre einrühren
- Mit Salz, Pfeffer und Zitronensaft abschmecken
- Thüringer Klöße (siehe S. 60) dazu reichen.

Tipp

Besonders zarten Braten liefert die Rehkeule. Das Fleisch muss gut abgehangen und vor der Zubereitung gehäutet sein. Damit das magere Fleisch während des Garens nicht austrocknet, sollte es gespickt werden. Hierzu zieht man mit Hilfe einer Spicknadel Speckstreifen längs der Fleischerfaser durch das rohe Fleisch.

Gespickter Stallhase

Zutaten für 4 Personen

1 küchenfertiges Kaninchen (ca. 2 kg)

Salz

frisch gemahlener schwarzer Pfeffer

125 g Räucherspeck

2 Knoblauchzehen

3 Zwiebeln

3 Möhren

50 g Sellerieknolle

1 EL Butterschmalz

1/2 l Fleischbrühe

50 g geriebenes Schwarzbrot

4 EL Schmant

- Das Kaninchen waschen, trockentupfen, zerteilen und mit Salz und Pfeffer einreiben
- Den Speck in Streifen schneiden
- Die Knoblauchzehen schälen und in Stifte schneiden
- Das Kaninchen mit dem Speck und dem Knoblauch spicken
- Die Zwiebeln schälen und in feine Ringe schneiden
- Die Möhren und den Sellerie putzen und fein schneiden
- In einem Bräter das Butterschmalz erhitzen, das Kaninchen hineingeben und ringsum anbraten
- Zunächst die Zwiebeln, dann das Gemüse zufügen und einige Minuten mitbraten
- Die Fleischbrühe zugießen
- Erhitzen und zugedeckt etwa 1 Stunde köcheln lassen
- Das Fleisch herausnehmen und auf eine vorgewärmte Platte geben
- Die Soße passieren, das Schwarzbrot in den Topf geben und alles 2 Minuten köcheln lassen
- Zuletzt den Schmant einrühren
- Mit Thüringer Klößen (siehe S. 60) servieren.

Das feinfaserige Kaninchen- und Hasenfleisch ähnelt im Geschmack dem Hühnerfleisch, wobei die Wildkanichen und -hasen etwas kräftiger im Geschmack sind als ihre Vettern im Stall. Aus dem Fleisch werden in Thüringen wohlschmeckende Suppen oder Sonntagsbraten bereitet, die neben Thüringer Klößen einen festen Platz auf den Esstischen haben.

Thüringer Rotwurst
und Weimarer Zampe

Zutaten für 4 Personen

Für die Rotwurst:

4 Zwiebeln

4 Äpfel

125 g Butter

8 dicke Scheiben Rotwurst (à 125 g)

Für die Zampe:

1 kg Kartoffeln (mehlig kochend)

Salz

2 EL Kartoffelmehl

100 ml lauwarme Milch

Butter zum Ausbraten

- Die Zwiebeln schälen und in feine Ringe schneiden
- Die Äpfel ausstechen und ungeschält in Scheiben schneiden
- In einer Pfanne 50 g Butter zerlassen, die Apfelscheiben hineinlegen und andünsten
- Herausnehmen, auf einer Platte anrichten und warm stellen
- In der Pfanne 50 g Butter zerlassen, die Rotwurstscheiben hineinlegen und auf beiden Seiten knusprig braten
- Auf den Apfelscheiben anrichten und warm stellen
- Die restliche Butter in der Pfanne erhitzen, die Zwiebelringe hineingeben und goldbraun braten
- Auf den Rotwurstscheiben verteilen und warm stellen
- Für die Zampe die Kartoffeln schälen, waschen, grob zerkleinern, in Salzwasser weich kochen und abgießen
- Die Kartoffeln stampfen, dabei das Kartoffelmehl und die Milch unterrühren
- Die Masse soll nicht zu weich werden, sondern am Stampfer hängen bleiben
- Den Brei mit Salz abschmecken
- Handtellergroße Fladen formen
- In einer Pfanne Butter erhitzen und die Fladen darin auf beiden Seiten knusprig braten.

Variante

Man kann auch Flockzamet zur Rotwurst reichen. Dafür braucht man 1 kg Kartoffeln (mehlig kochend), Salz, 1 EL Kartoffelmehl, 1/8 l Schlagsahne und 80 g Butter.

Die Kartoffeln schälen, waschen, grob zerkleinern, in Salzwasser garen. Das Wasser abgießen, die Kartoffeln zerstampfen. Kartoffelmehl und Sahne unterrühren. Salzen. Mit einem Esslöffel Flocken abstechen und auf vorgewärmten Tellern anrichten. Die Butter zerlassen, etwas salzen und über dem Flockzamet verteilen.

Kartoffelauflauf mit Heringsfilet

Bild rechts

Zutaten für 4 Personen

1 kg Kartoffeln (fest kochend)
8 Heringsfilets
50 g Butter oder etwas Pflanzenöl
4 Eier
1/4 l saure Sahne
Salz
frisch gemahlener weißer Pfeffer
3 EL Schnittlauchröllchen

- Die Kartoffeln in der Schale kochen, abgießen, pellen und in Scheiben schneiden
- Die Heringsfilets in einer Schüssel 2 Stunden wässern, herausnehmen, trockentupfen und in Streifen schneiden
- Eine Auflaufform mit der Butter oder dem Öl fetten, die Kartoffelscheiben und den Hering abwechselnd schichtweise hineinlegen
- Eier und saure Sahne verrühren, mit Salz und Pfeffer würzen und darüber gießen
- Im vorgeheizten Backofen bei 200 °C (Gas Stufe 3, Umluft 180 °C) etwa 25 Minuten garen
- Herausnehmen und mit Schnittlauchröllchen garniert servieren.

Backhauskartoffeln

Zutaten für 4 Personen

1 Zwiebel
400 g Schweinekamm ohne Knochen
1 Lorbeerblatt
4 Pimentkörner
Salz
2 Nelken
6 Birnen
8 mittelgroße Kartoffeln (fest kochend)
1 EL Kümmel
100 g Butter

- Die Zwiebel schälen, zerkleinern, mit dem Fleisch, Lorbeerblatt, Pimentkörnern, Nelken und Salz in einen Topf geben
- So viel Wasser angießen, bis das Fleisch bedeckt ist
- Alles zum Kochen bringen und 45 Minuten köcheln lassen
- Die Birnen waschen, Stiele und Blütenansätze entfernen
- Die Birnen im Ganzen und ungeschält in eine feuerfeste Form legen
- Die Kartoffeln schälen, waschen, halbieren und rings um die Birnen anordnen, sodass jede Lücke gefüllt ist
- Mit Kümmel und Salz würzen
- Die Butter in Flöckchen aufsetzen
- Das Fleisch auf die Birnen legen, die Brühe durch ein Sieb geben und angießen
- Den Auflauf im vorgeheizten Backofen bei 220 °C (Gas Stufe 4, Umluft 200 °C) 40 Minuten garen und sofort servieren.

Schusterpfanne

Zutaten für 4 Personen

1 kg Kartoffeln (fest kochend)

4 Birnen

2 Scheiben Schweinebauch (à 300 g)

1 TL Kümmel

1 TL Beifuß

Salz

frisch gemahlener weißer Pfeffer

1/8 l Weißwein

etwas Petersilie

Butter oder Öl für die Pfanne

- Die Kartoffeln schälen und in Scheiben schneiden
- Die Birnen schälen, in Viertel, dann in Spalten schneiden, dabei das Kernhaus entfernen
- Den Schweinebauch in 4 cm breite Streifen schneiden
- Eine Schmorpfanne mit Deckel ausfetten, die Hälfte der Kartoffelscheiben einschichten, die Hälfte des Schweinebauchs darauf geben, darauf die Birnen verteilen und mit dem restlichen Schweinebauch bedecken
- Die restlichen Kartoffeln obenauf schichten und mit Kümmel, Beifuß, Salz und Pfeffer würzen
- 1/4 l Wasser und den Wein zugeben und zum Kochen bringen
- Zugedeckt 20 Minuten garen
- Dann die Pfanne ohne Deckel in den vorgeheizten Backofen stellen und bei 220 °C (Gas Stufe 4, Umluft 200 °C) etwa 8 Minuten bräunen lassen
- Mit Petersiliensträußchen garnieren.

Der aromatische, leicht bittere Beifuß passt gut zu fetthaltigen Speisen; Er wirkt verdauungsfördernd.
Kümmel ist bei Bratkartoffeln, bei Weiß- und Sauerkraut, in der Kartoffelsuppe und im pikantem Backwerk gern gesehen, denn auch er macht die Speisen bekömmlicher. Besonders gut kommt sein Geschmack in Quark und Käse zur Geltung.

TIPP

Aus dem Rest Rotkohl kann man Rotkraut kochen: das Kraut feinstreifig schneiden und mit 1/4 l Wasser (für 800 g Rotkraut), Salz, 3 EL Zucker, 5 EL Weinessig, 1 Nelke, 50 g Schmalz und 1 geschälten, zerkleinerten Apfel 1 Stunde garen.

Rotkohlwickel

Zutaten für 4 Personen

1 Rotkohl (etwa 1,5 kg)
1 Semmel
1 Tasse Milch
800 g Hackfleisch (halb Schwein, halb Rind)
1 Ei
frisch gemahlener weißer Pfeffer
2 EL gehackte Zwiebel
1 EL gehackte Petersilie
8 dünne Scheiben Schinkenspeck
1 EL Butterschmalz oder Öl
1/4 l Rotwein
1 TL Zucker
1 EL Weinessig
1/8 l saure Sahne
1 EL Schmant

- Aus dem Rotkohl den Strunk herausschneiden
- Die welken äußeren Blätter entfernen
- 8 große Rotkohlblätter ablösen und in kochendem Wasser 2 Minuten blanchieren, damit sie sich gut formen lassen
- Die Blätter unter kaltem Wasser abschrecken und trockentupfen
- Die Semmel in der Milch einweichen und gut ausdrücken
- Das Hackfleisch in eine Schüssel geben und mit der Semmel, dem Ei, Pfeffer, Salz, der Zwiebel und der Petersilie vermischen
- Jeweils ein Kohlblatt auf ein mit Pfeffer und Salz bestreutes Küchenbrett legen und mit einer Scheibe Schinkenspeck und einem Achtel der Fleischmasse belegen
- Die Blätter seitlich über dem Fleisch einschlagen, aufrollen und mit Rouladennadeln oder Küchengarn zusammenhalten
- In einem Schmortopf das Fett erhitzen und die Rouladen darin ringsum anbraten
- Den Rotwein angießen, Zucker und Essig zufügen und zugedeckt etwa 35 Minuten garen
- Die Rouladen auf eine Platte geben und warm stellen
- In die Soße die saure Sahne und den Schmant einrühren
- Mit Salz und Pfeffer abschmecken
- Petersilienkartoffeln dazu reichen.

Rotkohl enthält viel Eisen, Senföle, etwas Vitamin C, Kalium, Kalzium, Magnesium und ist außerdem zuckerhaltiger als sein weißer Verwandter. Er schmeckt roh als Salat, gegart als Gemüse oder als würziger Krautwickel. Obwohl er das ganze Jahr zu haben ist, zählt er zum typischen Wintergemüse. Beim Kauf sollten Sie darauf achten, dass der Kopf fest ist.

Bröckelkloß und Kalbsleber

Zutaten für 4 Personen

Für den Bröckelkloß:

1 kg gekochte Kartoffeln (mehlig kochend)
Salz
frisch gemahlener weißer Pfeffer
120 g Butter

Für die Kalbsleber:

800 g Kalbsleber
150 g Butter
2 EL Zwiebelwürfel
200 g Steinpilze
1/8 l Rotwein
1/4 l Fleischbrühe
2 EL Schlagsahne
Salz
frisch gemahlener weißer Pfeffer
2 EL gehackte Petersilie

- Die Kartoffeln zerdrücken oder durch die Kartoffelpresse geben
- Mit Salz und Pfeffer würzen
- In einer Pfanne 30 g Butter erhitzen, 1/4 der Kartoffelmasse einfüllen und bei milder Hitze auf einer Seite goldbraun braten
- Den Bröckelkloß mit der gebratenen Seite nach oben auf einen Teller geben und warm stellen
- Auf die gleiche Weise 3 weitere Bröckelklöße zubereiten
- Die Kalbsleber häuten und in Streifen schneiden
- In einer Pfanne die Hälfte der Butter erhitzen, die Leber zugeben, anbraten, herausnehmen und warm stellen
- Die Zwiebelwürfel in die gleiche Pfanne geben
- Die Steinpilze putzen, die Stiele in kleine Würfel und die Hüte in Scheiben schneiden
- Die Pilzstiele zu den Zwiebeln geben, erhitzen, mit Rotwein ablöschen und 5 Minuten köcheln lassen
- Die Fleischbrühe angießen und 10 Minuten köcheln lassen
- Vom Herd nehmen und den Fond durch ein Sieb passieren
- Die Sahne einrühren
- Die Leber mit Salz und Pfeffer würzen, in die Soße geben und mit Petersilie bestreuen
- Die restliche Butter erhitzen, die Steinpilze 3 bis 4 Minuten darin schwenken und zur Kalbsleber geben
- Mit dem Bröckelkloß auf 4 Tellern verteilen.

TIPP

Bröckelkloß kann noch mit 1 oder 2 Eigelb verfeinert werden. Mancherorts gibt man auch noch einige frische Küchenkräuter dazu.

Fauleweiberklöße und Schmorbraten

Zutaten für 4 Personen

Für den Schmorbraten:

4 Zwiebeln
1 Bund Suppengrün
1,5 kg Rindfleisch (Keule)
4 EL Sonnenblumenöl
Salz
frisch gemahlener weißer Pfeffer
300 ml Fleischbrühe
3 EL Schmant

Für die Klöße:

2 Semmeln
40 g Butter
800 g Kartoffeln (mehlig kochend)
250 g Kartoffelmehl
1/4 l Milch
1 Ei
Salz
1 Msp geriebene Muskatnuss

- Für den Braten die Zwiebeln schälen und fein hacken
- Das Suppengrün putzen und zerkleinern
- Das Fleisch waschen und trockentupfen
- In einem Topf das Öl erhitzen, das Fleisch hineinlegen und ringsum anbraten
- Salz und Pfeffer darüber streuen und etwas Brühe angießen, Zwiebeln und Suppengrün zugeben, zugedeckt 30 Minuten schmoren lassen
- Die restliche Brühe angießen und weitere 60 Minuten schmoren
- Das Fleisch herausnehmen und warm stellen
- Den Schmant zum Fond geben, alles einige Minuten einkochen
- In der Zwischenzeit für die Klöße die Semmeln in kleine Würfel schneiden
- In einer Pfanne die Butter erhitzen und die Semmelwürfel darin goldgelb braten
- Die Kartoffeln in der Schale kochen, pellen, durch die Kartoffelpresse in eine Schüssel drücken und mit dem Kartoffelmehl vermischen
- Die Milch erhitzen, über die Kartoffelmasse gießen, das Ei, 1 TL Salz und Muskat zufügen
- Alles gut vermengen
- In einem Topf Salzwasser zum Kochen bringen
- Mit nassen Händen 8 Klöße formen und einige Semmelwürfel in die Mitte geben
- Die Klöße in das kochende Salzwasser legen und bei schwacher Hitze 20 Minuten ziehen lassen
- Mit einem Schaumlöffel herausnehmen und sofort aufreißen, damit sie nicht zusammenfallen
- Das Fleisch in Scheiben schneiden und auf einer vorgewärmten Platte anrichten
- Klöße und Soße dazu reichen.

Böse Zungen sollen einst behauptet haben, dass nur Hausfrauen, die zu faul zum Reiben waren, sich die Verbindung von Kartoffeln und Mehl ausdenken konnten. Heutzutage ist das kein Thema mehr. Wie die „echten" Grünen behaupten Fauleweiberklöße auf den Tellern ihren Platz.

Hosseküh in Buttermilch

Zutaten für 4 Personen

1 küchenfertiges Kaninchen (etwa 1,8 kg)

3 Zwiebeln

2 Knoblauchzehen

1 EL Butterschmalz

1 Salbeizweig

Salz

frisch gemahlener schwarzer Pfeffer

2 EL Mehl

1/2 l Buttermilch

- Das Kaninchen waschen, trockentupfen und in Stücke teilen
- Die Zwiebeln und die Knoblauchzehen schälen und klein hacken
- In einem Topf das Butterschmalz erhitzen, das Fleisch hineingeben und ringsum anbraten
- Zwiebeln, Knoblauch, Salbei, Salz und Pfeffer zufügen und alles mit Mehl bestäuben
- Die Buttermilch angießen, zum Kochen bringen und etwa eine Stunde köcheln lassen
- Das Fleisch herausnehmen und auf einer vorgewärmten Platte anrichten
- Die Soße durch ein Sieb passieren und abschmecken
- Mit Thüringer Klößen (siehe S. 60) servieren.

In der Adventszeit darf man keine Erbsen und Linsen essen, sonst gibt es Unglück, behaupten die Suhler. Dafür isst man jede Menge Hosseküh und Hütes (Klöße). Zu Silvester gibt es Zammete, denn das bringt Glück. Für Zammete schneidet man gekochte Kartoffeln in Scheiben, vermengt sie mit Zwiebel- und Speckwürfeln, würzt mit Salz, Pfeffer und Kümmel und brät sie in Butter knusprig.

Gefüllte Kohlrabi

Zutaten für 4 Personen

Für die Kohlrabi:

8 mittelgroße Kohlrabi
Salz
1 EL Butter
1 EL Mehl
1/2 l Fleischbrühe
1 Prise Zucker
2 EL Zitronensaft

Für die Füllung:

1 Semmel
1/8 l Milch
1 Zwiebel
400 g Hackfleisch (halb Schwein, halb Rind)
1 Ei
Salz
frisch gemahlener weißer Pfeffer
1 Prise Muskat
1 EL gehackte Petersilie

- Die Kohlrabi schälen und waschen
- In einem Topf Salzwasser zum Kochen bringen und das Gemüse im Ganzen 10 Minuten darin garen
- Die Kohlrabi herausnehmen, auskühlen lassen, jeweils einen Deckel abschneiden und die Kohlrabi etwas aushöhlen
- Für die Füllung die Semmel in der Milch einweichen; die Zwiebel schälen und fein hacken
- Das Fleisch in eine Schüssel geben und mit der ausgehöhlten Kohlrabimasse vermischen
- Die ausgedrückte Semmel und das Ei untermengen
- Alles mit Salz, Pfeffer und Muskat würzen
- Die Kohlrabi mit der Fleischmasse füllen und den Deckel fest aufdrücken
- Eine Auflaufform ausbuttern, die Kohlrabi hineinsetzen und das Mehl darüber stäuben
- Die Brühe angießen und alles im vorgeheizten Backofen bei 180 °C (Gas Stufe 2, Umluft 160 °C) etwa 35 Minuten garen
- Die Kohlrabi herausnehmen und warm stellen
- Petersilie aufstreuen
- Die Soße durch ein Sieb gießen, mit Salz, Zucker und Zitronensaft abschmecken und über die Kohlrabi geben
- Petersilienkartoffeln dazu reichen.

Kohlrabi schmeckt roh oder gekocht. Zum Würzen eignen sich ein Hauch Muskat, Zitronensaft, eine Prise Zucker, weißer Pfeffer, wenig Salz und Kräuter wie Petersilie, Kerbel, Dill oder Estragon. Kohlrabi hält sich ohne Blätter im Gemüsefach des Kühlschranks 2 bis 3 Tage.

Möhrengemüse mit Erbspüree

Zutaten für 4 Personen

Für das Möhrengemüse:

750 g Möhren
2 Zwiebeln
250 g durchwachsener Speck
1/8 l Fleischbrühe
2 EL Zitronensaft
1 TL Zucker
Salz
4 EL gehackte Petersilie

Für das Erbspüree:

400 g ausgepalte Erbsen
3 Stängel glatte Petersilie
Salz
1 TL Zucker
30 g Butter

- Für das Möhrengemüse die Möhren putzen, waschen und in Scheiben schneiden
- Die Zwiebeln pellen und fein hacken; den Speck in kleine Würfel schneiden und in einer Pfanne kross ausbraten
- Die Zwiebeln zugeben und mitdünsten
- Die Möhren zufügen und die Brühe angießen, zugedeckt 15 Minuten garen
- Mit Zitronensaft, Zucker und Salz abschmecken und die Petersilie aufstreuen; warm stellen
- Für das Püree die Erbsen in einen Topf geben
- Petersilienstängel, Salz, Zucker und 1/8 l Wasser zugeben
- Alles zum Kochen bringen und 6 Minuten dünsten
- Vom Herd nehmen und sofort pürieren
- Durch ein Sieb streichen und mit einem Schneebesen die Butter darunter schlagen
- Mit dem Möhrengemüse auf Tellern verteilen
- Nach Belieben gebratene Jagdwurstscheiben dazu reichen.

Möhren brauchen wenig Salz, aber immer eine Prise Zucker. Sie schmecken gekocht, aber auch roh als Salat und mögen die Gewürz-Verbindung mit Muskat, Zimt oder Ingwer.
Möhren enthalten reichlich Karotin, das aber nur in Verbindung mit etwas Fett ausreichend vom Körper aufgenommen wird.

Garnierter Blumenkohl

Zutaten für 4 Personen

Für den Blumenkohl:

1 Blumenkohl
5 EL Milch
2 Eier
2 EL gehackte Petersilie
125 g Butter
3 EL Semmelbrösel

Für die Soße:

1 EL Butter
1 EL Mehl
2 EL Schlagsahne
Salz
frisch gemahlener weißer Pfeffer

- Vom Blumenkohl die Blätter entfernen und den Strunk abschneiden
- Den Blumenkohl einige Minuten in Salzwasser legen
- Danach in einen Topf mit reichlich Salzwasser und der Milch geben, zum Kochen bringen und 20 Minuten garen
- Den Blumenkohl herausnehmen, abtropfen lassen, auf einem runden Teller anrichten und warm stellen
- Das Kochwasser für die Soße beiseite stellen
- Währenddessen die Eier 10 Minuten kochen, pellen und fein hacken
- Die gehackten Eier mit der Petersilie vermischen und auf dem Blumenkohl verteilen
- In einer Pfanne die Butter erhitzen, die Semmelbrösel hineingeben, goldgelb rösten und auf dem Blumenkohl verteilen
- Für die Soße in einem Topf die Butter erhitzen, das Mehl zugeben und anschwitzen
- Vom Herd nehmen, $^1/_2$ l von der beiseite gestellten Brühe angießen und glatt rühren
- Die Soße unter ständigem Rühren zum Kochen bringen und bei mäßiger Hitze 10 Minuten köcheln lassen
- Die Sahne einrühren und mit Salz und Pfeffer würzen
- Die Soße zum Blumenkohl reichen
- Dazu schmecken Petersilienkartoffeln.

TIPP

Beim Einkauf von Blumenkohl sollten Sie darauf achten, dass der Kohl fest, aber nicht hart ist und dass die grünen Blätter frisch, knackig und ohne gelbliche Färbung sind. Er sollte nach dem Einkauf rasch zubereitet werden.

„Von hervorragender Bedeutung sind die Blumen- und Gemüsegärtnereien Erfurts. Alle Arten Blumen werden auf 290 Morgen Land, Gemüse auf 450 Morgen Land gezogen. Blumenkohl und Brunnenkresse sind die Haupterzeugnisse", liest man in Meyers Reisebüchern aus dem Jahr 1920.

Weimarer Zwiebelkuchen

Zutaten für 4 Personen

Für den Teig:

500 g Mehl

30 g Hefe

1 TL Zucker

1/4 l Milch

1 TL Salz

80 g Butter

Butter für das Backblech

Mehl zum Bearbeiten

Für den Belag:

1 kg Zwiebeln

200 g durchwachsener Speck

Salz

frisch gemahlener weißer Pfeffer

2 TL Kümmel

1/4 l saure Sahne

6 Eier

- Für den Teig das Mehl in eine Schüssel sieben und in die Mitte eine Vertiefung drücken
- Die Hefe mit dem Zucker in etwas lauwarmer Milch verquirlen und in die Vertiefung geben
- Etwas Mehl darüber stäuben
- Salz und die Butter in Flöckchen auf dem Mehlrand anordnen
- Zugedeckt 20 Minuten gehen lassen
- Die Zutaten von der Mitte her zu einem glatten Teig verarbeiten, dabei die restliche Milch zugeben
- Zugedeckt 30 Minuten gehen lassen
- Den Teig zusammenstoßen, kurz durchkneten und auf einer bemehlten Fläche ausrollen.
- Ein Backblech ausbuttern, den Teig auflegen und mehrmals mit einer Gabel einstechen
- Den Backofen auf 200 °C (Gas Stufe 3, Umluft 180 °C) vorheizen
- Für den Belag die Zwiebeln schälen und in dünne Scheiben schneiden
- Den Speck ebenfalls in dünne Scheiben schneiden und in einer Pfanne auslassen
- Die Speckscheiben herausnehmen und auf dem Teig verteilen
- In dem Speckfett die Zwiebeln glasig dünsten und über die Speckscheiben geben
- Salz, Pfeffer und Kümmel darüber streuen
- Saure Sahne und die Eier verquirlen, mit Salz und Pfeffer würzen und über die Zwiebeln gießen
- Im vorgeheizten Backofen etwa 35 Minuten backen
- Herausnehmen, in Stücke schneiden und sofort servieren.

Das größte Volksfest in Thüringen ist der Weimarer Zwiebelmarkt. Schon Goethe deckte sich auf dem Zwiebelmarkt mit den würzig-scharfen Knollen ein. Und es wird erzählt, dass Zwiebelzöpfe, ausgesucht von seinen Enkelkindern, über seinem Schreibtisch hingen.

Schnittlauchkuchen

Zutaten für 4 Personen

Für den Teig:

500 g Mehl
30 g Hefe
1/4 l Milch
Salz
100 g Butter
Mehl zum Bearbeiten
Butter für das Backblech

Für den Belag:

4 Bund Schnittlauch
200 g Salami
200 g Schinkenspeck
3 Eier
400 ml dicke saure Sahne

TIPP

Wie die Zwiebel passt Schnittlauch gut zu Knoblauch, Thymian und Basilikum. Seine Würzkraft bleibt am besten erhalten, wenn man ihn sofort nach dem Einkauf ins Wasser stellt und möglichst bald verbraucht.

- Für den Teig das Mehl in eine Schüssel sieben und in die Mitte eine Vertiefung drücken
- Die Hefe in 1/8 l lauwarmer Milch verquirlen und in die Vertiefung gießen
- Etwas Mehl vom Rand hineingeben und einen breiartigen Vorteig herstellen
- Zugedeckt an einem warmen Ort 20 Minuten gehen lassen
- 1/2 TL Salz und die Butter in Flöckchen auf dem Mehlrand verteilen
- Die Zutaten von der Mitte her zu einem glatten Teig verkneten, dabei die restliche Milch zugeben
- Zugedeckt 30 Minuten gehen lassen
- Den Backofen auf 200 °C (Gas Stufe 3, Umluft 180 °C) vorheizen
- Den Teig zusammenstoßen und auf einer bemehlten Fläche ausrollen
- Ein Backblech ausbuttern, den Teig auflegen und einen Rand hochziehen
- Den Teig mit einer Gabel mehrmals einstechen
- Den Schnittlauch waschen und abtropfen lassen
- Den Schnittlauch in kleine Röllchen, Salami und Schinkenspeck in kleine Würfel schneiden und auf dem Teig verteilen
- Die Eier mit der sauren Sahne und einer kräftigen Prise Salz verquirlen und über den Teig geben
- Im vorgeheizten Backofen etwa 30 Minuten backen.

Als Verwandter der Zwiebel blickt der Schnittlauch auf eine lange Tradition zurück. Bereits Karl der Große soll den Mönchen befohlen haben, ihn in den klösterlichen Kräutergärten anzubauen – wegen der Heilkräfte seiner schwefelhaltigen ätherischen Öle, die Linderung bei Magenbeschwerden versprachen.

Rotwurstkuchen

Zutaten für 4 Personen

7 Zwiebeln

125 g Butter

500 g Kartoffeln

500 g Mehl

30 g Hefe

1/2 TL Zucker

1/4 l Milch

2 EL Kümmel

5 säuerliche Äpfel

750 g Rotwurst (Blutwurst)

4 EL gehackte Kräuter (Majoran, Petersilie, Schnittlauch)

Salz

frisch gemahlener weißer Pfeffer

Mehl zum Bearbeiten

Butter und Semmelbrösel für das Backblech

- 6 der 7 Zwiebeln schälen und fein hacken
- In einer Pfanne 50 g Butter erhitzen, die Zwiebeln darin bräunen und anschließend auskühlen lassen
- Die Kartoffeln mit der Schale kochen, garen, pellen und grob reiben
- Das Mehl in eine Schüssel sieben und in die Mitte eine Vertiefung drücken
- Die Hefe mit dem Zucker in 1/8 l lauwarmer Milch verquirlen und in die Vertiefung gießen
- Etwas Mehl vom Rand einrühren und einen breiartigen Vorteig herstellen
- Zugedeckt an einem warmen Ort 20 Minuten gehen lassen
- Von der Mitte die Zutaten zu einem glatten Hefeteig verkneten, dabei den Kümmel, die gebratenen Zwiebeln, die restliche Butter und die restliche Milch zugeben
- Den Teig nochmals zugedeckt 30 Minuten gehen lassen
- Den Backofen auf 200 °C (Gas Stufe 3, Umluft 180 °C) vorheizen
- Ein Backblech ausbuttern und mit Semmelbröseln ausstreuen
- Den Teig auf einer bemehlten Fläche durchkneten, ausrollen, auf das Backblech legen und ringsum einen Rand hochziehen
- Den Teig mit einer Gabel mehrmals einstechen
- Die Äpfel schälen, in Spalten, dann in kleine Würfel schneiden, dabei das Kernhaus entfernen
- Die letzte Zwiebel schälen und fein hacken
- Die Rotwurst in kleine Würfel schneiden
- Rotwurst, Äpfel, geriebene Kartoffeln, Zwiebel und Kräuter auf dem Teig verteilen
- Mit Salz und Pfeffer bestreuen

Für den Guss:
500 g Schmant
6 Eigelb
200 ml Schlagsahne
1 EL Stärkemehl
Salz

- Für den Guss den Schmant mit Eigelb, Schlagsahne und Stärkemehl verrühren, salzen und auf dem Wurstbelag verteilen
- Im vorgeheizten Backofen etwa 35 Minuten backen.

Rotwurst schmeckt als Brotbelag, ziert als gebratene Wurstscheibe ein Linsengericht, gehört in die Schlachtfestsuppe und ist wichtigster Bestandteil dieses deftigen Kuchens.

Süße Gerichte und Nachspeisen

Greizer Hochzeitspudding

Bild rechts

Zutaten für 4 Personen

10 Semmeln (à 50 g)
1 l Milch
125 g Zucker
4 Eier
2 EL gehackte Mandeln
1 Prise Salz
Butter für die Form
1 EL Zwiebackbrösel und 1 EL gehackte Mandeln zum Ausstreuen

- Die Semmeln in Scheiben schneiden, in eine Schüssel geben, mit der Milch übergießen und darin einweichen lassen
- Zucker, Eier, Mandeln und Salz unterrühren
- Eine Puddingform ausbuttern, mit Zwiebackbröseln und Mandeln ausstreuen
- Die Semmelmasse einfüllen und im siedenden Wasserbad 2 Stunden garen
- Herausnehmen, noch warm auf Tellern anrichten und Kompott oder Pflaumenmus dazu reichen.

Der Semmelpudding war früher der krönende Abschluss des traditionellen Hochzeitsessens in Greiz.

Grießnapflich

Zutaten für 4 Personen

4 Eier
150 g Zucker
1/2 TL abgeriebene Zitronenschale
250 g Grieß
Puderzucker zum Bestreuen

- Den Backofen auf 180 °C (Gas Stufe 2, Umluft 160 °C) vorheizen
- Die Eier mit dem Zucker und der Zitronenschale verrühren
- Den Grieß hinzufügen, gut verrühren
- Die Masse in eine gut gefettete Napfkuchenform füllen
- Im vorgeheizten Backofen etwa 10 Minuten backen
- Stürzen und mit Puderzucker bestreut servieren.

Buttermilchspeise mit Beeren

Zutaten für 4 Personen
4 Eier
100 g Zucker
1 l Buttermilch
1 Prise Salz
500 g Beeren (Erdbeeren, Himbeeren, Heidelbeeren, Brombeeren)

- Die Eier trennen
- Das Eigelb in eine Schüssel geben und mit dem Zucker schaumig schlagen
- Nach und nach die Buttermilch unterrühren
- 1 Stunde kalt stellen
- Das Eiweiß mit dem Salz steif schlagen und unter die Buttermilch heben
- Auf 4 Tellern die Beeren verteilen und die Buttermilchspeise darauf geben.

Ein beliebter Nachtisch bei den Altvorderen war die Buttermilchsuppe. Dafür goss man 1/4 l Buttermilch in einen tiefen Teller, verteilte einige Butterflöckchen darauf, streute Zucker und Zimt darüber und gab in die Tellermitte einige Bröckchen altbackenes Brot.

Suhl-Heinrichs Latschen

Zutaten für 4 Personen
8 Äpfel
Saft von 1 Zitrone
4 EL Weinbrand
4 Eier
125 g Zucker
1 Päckchen Vanillezucker
200 g Mehl
1/2 TL Backpulver
125 g Schlagsahne
Butter zum Ausbacken
Zimtzucker zum Bestreuen

- Von den Äpfel das Kernhaus ausstechen
- Die Äpfel schälen und in Ringe schneiden
- Mit Zitronensaft und Weinbrand beträufeln
- Eier, Zucker und Vanillezucker schaumig rühren
- Mehl und Backpulver vermischen und mit der Sahne in die Eiermischung rühren
- In einer Pfanne Butter erhitzen, die Apfelringe in den Teig tauchen, auf beiden Seiten goldbraun backen, herausnehmen und sofort mit Zimtzucker bestreuen
- Nach Belieben Vanillesoße dazu reichen.

Latschen nennt man in Thüringen auch aus Brotteig gebackene und mit Kümmel bestreute handtellergroße Fladen.

Tipp

Für die Vanillesoße verquirlt man 1 EL Stärkemehl, 1 Päckchen Vanillezucker und 1 EL Zucker in wenig kalter Milch, rührt das Ganze dann in knapp 1/2 l kochende Milch ein und lässt alles kurz aufwallen. Nachdem die Soße etwas ausgekühlt ist, verfeinert man sie mit 1 bis 2 Eigelb.

Erdbeeren mit Hütes

Zutaten für 4 Personen

500 g Erdbeeren
3 EL Zucker
4 EL Himbeerlikör
200 g Sahnequark, gut ausgepresst
1 Ei
50 g weiche Butter
1–2 EL Semmelbrösel
1 EL Grieß
einige Blättchen Zitronenmelisse

- Die Erdbeeren waschen, putzen, halbieren und in eine Schüssel geben
- In einem Topf 2 EL Zucker in 50 ml Wasser 2 Minuten kochen und auskühlen lassen
- Den Likör zufügen
- Die Mischung über die Erdbeeren gießen
- Den gut ausgepressten Quark mit dem Ei, dem restlichen Zucker, der Butter, den Semmelbröseln und dem Grieß verrühren und etwas quellen lassen
- Kirschgroße Klößchen formen
- In einem Topf Wasser erhitzen, die Klößchen hinein geben und 8 Minuten darin garen
- Mit einem Schaumlöffel herausnehmen und auskühlen lassen
- Auf den Erdbeeren anrichten
- Mit Melisseblättchen garnieren.

Am begehrtesten waren und sind Walderdbeeren. Früher war es Brauch, dass die Frauen ihren daheim gebliebenen Kindern einen Strauß Walderdbeerpflänzchen mitbrachten (mit Wurzeln, um sie später wieder einzupflanzen). Die Kinder freuten sich, denn auf diese Weise durften sie mitpflücken.

Gebackene Quatschgen

Zutaten für 4 Personen

2 Eier
1 Prise Salz
8 EL Sonnenblumenöl
150 ml helles Bier
300 g Mehl
1 kg entsteinte Zwetschgen
Öl zum Ausbacken
Zimtzucker zum Wälzen

- Die Eier trennen
- Das Eigelb in einer Schüssel schaumig rühren
- Salz, Öl und Bier unterrühren
- Das Mehl sieben und unterrühren
- Den Teig 30 Minuten quellen lassen
- Das Eiweiß steif schlagen und unterheben
- Falls der Teig zu dickflüssig ist, noch etwas Bier unterrühren
- Öl erhitzen, bis sich an einem hineingetauchten Holzlöffelstiel kleine Blasen bilden
- Die Zwetschgen in den Teig tauchen und schwimmend im Öl goldgelb ausbacken
- Mit einem Schaumlöffel herausnehmen, abtropfen lassen und in Zimtzucker wälzen.

Anstelle von Kompott bereitet man aus Pflaumenmus auch heute gern noch einen „Quetschgerschbrei“. Dafür verrührt man 400 g Pflaumenmus mit 2 EL Zucker und 4 EL Schmant oder 200 ml steif geschlagener Schlagsahne.

Detscher *Bild rechts*

Zutaten für 4 Personen

750 g Kartoffeln (mehlig kochend)
2 Eier
100 g Mehl
1 Prise Salz
200 g zerlassene Butter
100 g Zucker
Mehl zum Bearbeiten

- Die Kartoffeln in der Schale kochen, pellen und sofort durch die Kartoffelpresse in eine Schüssel drücken
- Eier, Mehl und Salz unterkneten
- Den Teig auf einer bemehlten Fläche ausrollen und Quadrate von 12 x 12 cm ausschneiden
- Eine beschichtete Pfanne erhitzen und die Detscher darin ohne Fett auf beiden Seiten goldgelb backen
- Herausnehmen, in eine Schüssel schichten, mit der Butter begießen und mit Zucker bestreuen.

TIPP: Dazu gehört eine Tasse Kaffee.

Tüschel

Zutaten für 4 Personen

10 Semmeln (à 50 g)
1/4 l Milch
1/4 l Schlagsahne
6 Eier
2 EL Zucker
1 Prise Salz
750 g entsteinte Sauerkirschen
Butter für die Auflaufform
Zimtzucker zum Bestreuen

- Die Semmeln in Scheiben schneiden, in eine Schüssel geben und mit Milch und Sahne übergießen
- 1 Stunde ziehen lassen
- Den Backofen auf 200 °C (Gas Stufe 3, Umluft 180 °C) vorheizen
- Eier, Zucker und Salz unter die Semmelmasse rühren
- Eine Auflaufform ausbuttern, die Semmelmasse einfüllen und die Sauerkirschen darauf verteilen
- Im vorgeheizten Backofen etwa 30 Minuten backen
- Herausnehmen und mit Zimtzucker bestreuen.

Tüschel ist ein beliebtes Sommeressen. Bäuerinnen bereiteten es häufig zur Erntezeit und brachten es auf die Felder. Tüschel schmeckt warm oder kalt.

Gothaer Muskräppelchen

Zutaten für 4 Personen
500 g Mehl
2 gestrichene TL Backpulver
150 g Zucker
1 Prise Salz
1 EL Weinbrand
3 Eier
150 g kalte Butter
Mehl zum Bearbeiten
150 g Pflaumenmus zum Füllen
Öl zum Ausbacken
Puderzucker zum Bestäuben

- Mehl und Backpulver vermischen, in eine Schüssel sieben und in die Mitte eine Vertiefung drücken
- Zucker, Salz, Weinbrand und Eier hineingeben und mit einem Teil des Mehls zu einem dicken Brei vermengen
- Die Butter in Stücke schneiden, auf dem Brei verteilen und mit dem Mehl bedecken
- Von der Mitte her alles gut verkneten
- 1 Stunde kalt stellen
- Den Teig auf einer bemehlten Arbeitsfläche 1 cm dick ausrollen
- Kreise von 5 bis 6 cm Durchmesser ausstechen
- Auf die Hälfte der Kreise einen Klecks Pflaumenmus geben, jeweils einen zweiten Kreis auflegen und die Ränder andrücken
- Das Öl erhitzen und die Muskräppelchen darin schwimmend goldbraun backen
- Mit einem Schaumlöffel herausnehmen und mit Puderzucker bestäuben.

Pflaumenmus mag man nicht nur als Brotaufstrich, sondern man verwendet es auch gern als Füllung oder Kuchenbelag und als Kompott (siehe S. 104).

Schneewittchenkuchen

Zutaten für ein Backblech

Für den Teig:

250 g Butter
250 g Zucker
6 Eier
400 g Mehl
2 EL Stärkemehl
1 Päckchen Backpulver
3 EL Kakao
1,5 kg entsteinte Sauerkirschen
Butter für das Backblech

Für die Creme:

1 Päckchen Puddingpulver Vanillegeschmack
3 EL Zucker
1/2 l Milch
250 g Butter
300 g Zartbitterschokolade

- Für den Teig die Butter in einer Schüssel schaumig schlagen
- Zucker und nach und nach die Eier einrühren
- Mehl, Stärkemehl und Backpulver vermischen, auf die Butter-Ei-Masse sieben und einarbeiten
- Unter die Hälfte des Teiges den Kakao mischen
- Den Backofen auf 200 °C (Gas Stufe 3, Umluft 180 °C) vorheizen
- Ein Backblech ausbuttern, den Kakaoteig darauf geben und glatt streichen
- Den hellen Teig darüber verteilen und mit Sauerkirschen belegen
- Im vorgeheizten etwa 35 Minuten backen
- Herausnehmen und auskühlen lassen
- Für die Creme das Puddingpulver mit dem Zucker in etwas kalter Milch glatt rühren
- Die restliche Milch zum Kochen bringen
- Das angerührte Puddingpulver zugeben und unter Rühren kurz aufkochen lassen
- Vom Herd nehmen und auskühlen lassen
- Ab und zu umrühren, damit sich keine Haut bildet
- Die zimmerwarme Butter in einer Schüssel schaumig schlagen und den Pudding esslöffelweise einrühren
- Die Buttercreme auf den ausgekühlten Kuchen streichen und mit geraspelter Schokolade verzieren.

Das Backwerk bekam seinen märchenhaften Namen, weil es an Schneewittchen erinnert. Der Farben wegen! Denn schwarz ist der Teig, rot leuchten die Kirschen, weiß ist die Creme. Und wie man weiß, waren diese Farben Schneewittchens größte Zierde.

Sondershäuser Deckelplätzchen

Zutaten für etwa 50–60 Plätzchen

8 Eier
500 g Zucker
500 g Mehl
Butter für das Backblech

- Die Eier in eine Schüssel geben und dickschaumig rühren, dabei nach und nach den Zucker zugeben
- Das Mehl sieben und esslöffelweise in die Eier-Zucker-Masse einrühren
- Ein Backblech dünn ausbuttern
- Mit der Spitze eines Teelöffels in Abständen kleine Teighäufchen auf das Backblech setzen
- Dabei müssen die Häufchen allmählich zu Plätzchen zerfließen
- Die Plätzchen bei Zimmertemperatur etwa 20 Stunden zugedeckt ruhen lassen, danach im vorgeheizten Backofen bei 80 °C 30 Minuten mehr trocknen als backen
- Wenn die Plätzchen ein weißes Häubchen über einem gelben Füßchen haben, sind sie fertig.

TIPP

Nach Belieben kann man dem Teig noch eine Prise Anis zufügen.

Diese Plätzchen sind besonders bei Kindern beliebt. Bei Kindergeburtstagen sind sie die Favoriten. Die „Großen" mögen sie aber auch und tauchen sie gern in Milchkaffee.

Schnorrkuchen

Zutaten für ein Backblech

Für den Teig:

2,5 kg Kartoffeln (mehlig kochend)

Salz

1/4 l Milch

2 EL Kartoffelstärke

1 Ei

Butter für das Backblech

Für den Belag:

500 g Sahnequark

4 Eier

150 g Zucker

1 TL abgeriebene Zitronenschale

2 EL gehackte Mandeln

150 g Schmant

Puderzucker zum Bestäuben

- Die Kartoffeln schälen und waschen
- Ein Drittel der Kartoffeln grob zerkleinern und in Salzwasser garen
- Die restlichen Kartoffeln reiben, in ein Leinentuch geben und auspressen, bis sie trocken sind
- Den Backofen auf 200 °C (Gas Stufe 3, Umluft 180 °C) vorheizen
- Die Milch erhitzen, die gegarten Kartoffeln abgießen, zerstampfen und die erhitzte Milch unterrühren, sodass ein Brei entsteht
- Die trockengepresste Kartoffelmasse in eine Schüssel geben
- Mit 2 Gabeln auflockern, 1/2 TL Salz und den heißen Kartoffelbrei zugeben und alles verkneten
- Das Stärkemehl aufsieben und mit dem Ei unterkneten
- Ein Backblech ausbuttern, den Teig aufstreichen und im vorgeheizten Backofen 8 Minuten backen
- Inzwischen Quark, Eier, Zucker, Zitronenschale und Mandeln verrühren
- Die Masse auf den vorgebackenen Teig streichen
- Den Schmant darüber streichen
- Bei gleicher Temperatur noch 25 Minuten backen
- Herausnehmen, mit Puderzucker bestäuben und heiß servieren
- Milchkaffee dazu reichen.

Das kleine Städtchen Weida wird Kuchenstädtchen genannt. Von hier kommen so wunderbare Blechkuchen wie der Schnorrkuchen („dar mocht fruh und ar mocht schtork“, heißt es) und die berühmten Glatter- und Greibelkuchen (Zucker- und Streuselkuchen).

TIPP

Das übrig gebliebene Eiweiß lässt sich gut zu Baiser oder Makronen verarbeiten oder kann leicht aufgeschlagen auch eingefroren werden.

Huckelkuchen

Zutaten für ein Backblech

10 Eigelb

8 EL Sonnenblumenöl

8 EL Weinbrand

100 g Mehl

30 g Stärkemehl

50 g zerlassene, ausgekühlte Butter

Saft von 1/2 Zitrone

Butter für das Backblech

Puderzucker zum Bestäuben

- Die Eigelbe in eine Schüssel geben und schaumig rühren
- Öl und Weinbrand unterrühren
- Mehl und Stärkemehl vermischen, auf die Eimasse sieben und unterheben
- Ein Backblech ausbuttern, den Teig aufstreichen und im vorgeheizten Backofen bei 220 °C (Gas Stufe 4, Umluft 200 °C) etwa 15 Minuten backen
- Herausnehmen, einige Minuten auskühlen lassen, mit der zerlassenen Butter bestreichen, mit Zitronensaft beträufeln und mit Puderzucker bestäuben.

Dieses leckere Backwerk will mit seinen „Huckeln" die bergige Thüringer Landschaft bildhaft machen. Luftdicht verpackt hält es sich einige Tage.

Der Huckelkuchen ist ebenso bekannt wie das 18 1/2-Rezept für einen Tortenboden:
Man braucht dafür 5 EL Mehl, 5 EL Zucker, 5 EL Öl, 3 Eier und 1/2 Päckchen Backpulver. Das sind 18 1/2 Zutaten!

Wespenstich

Zutaten für ein Backblech

250 g Mehl
1/2 Päckchen Backpulver
125 g Zucker
1 Päckchen Vanillezucker
2 Eier
125 g kalte Butter
Butter für das Backblech
Mehl für die Arbeitsfläche

Für den Belag:

250 g Blätterteig (tiefgekühlt)
500 g Aprikosenkonfitüre
1 kg Aprikosen
250 g Butter
250 g Zucker
250 g gehackte Mandeln
2 EL Honig
2 Eier
2 EL Milch

- Für den Belag den Blätterteig auftauen
- Für den Teig Mehl und Backpulver vermischen und in eine Schüssel sieben
- In die Mitte eine Vertiefung drücken
- Zucker, Vanillezucker und Eier hineingeben und mit einem Teil des Mehls einen dicken Brei herstellen
- Die kalte Butter in Stücken auf den Brei geben und mit Mehl bedecken
- Von der Mitte her alles rasch zu einem glatten Teig verkneten
- 1 Stunde kalt stellen
- Ein Backblech ausbuttern
- Den Teig auf einer bemehlten Fläche ausrollen und auf das Backblech geben
- Den Teigboden mit einer Gabel mehrmals einstechen
- Die Aprikosenkonfitüre aufstreichen
- Die Aprikosen halbieren, entsteinen, in Spalten schneiden und auf dem Teig anordnen
- Den Backofen auf 200 °C (Gas Stufe 3, Umluft 180 °C) vorheizen
- Den aufgetauten Blätterteig ausrollen und darauf legen
- Butter und Zucker in einem Topf erhitzen, Mandeln und Honig einrühren, alles kurz aufwallen lassen
- Vom Herd nehmen und etwas auskühlen lassen
- Eier und Milch einrühren und die Masse auf den Blätterteig streichen
- Den Wespenstich im vorgeheizten Backofen etwa 45 Minuten backen.

TIPP

Beim Kauf sollte man auf reife Früchte achten. Die Goldgelben mit den roten Bäckchen sind reif, wenn sie auf leichten Fingerdruck nachgeben. Aprikosen sollten rasch verbraucht werden, sie verlieren leicht ihr Aroma.

Quarkkuchen

Zutaten für ein Backblech

Für den Teig:

500 g Mehl
30 g Hefe
3 EL Zucker
1/4 l Milch
100 g Butter
1 Päckchen Vanillezucker
1 Prise Salz
Mehl zum Bearbeiten
Butter für das Backblech

Für den Belag:

750 g Sahnequark
4 EL Schlagsahne
1 EL Zucker
200 g Kokosraspeln
1 TL abgeriebene, unbehandelte Orangenschale
200 g Kokosfett
250 g Puderzucker
3 EL Kakao
2 Eier

- Für den Teig das Mehl in eine Schüssel sieben, in die Mitte eine Vertiefung drücken
- Die Hefe mit 1 TL Zucker in etwas lauwarmer Milch verquirlen und in die Vertiefung gießen
- Mehl darüber stäuben und zugedeckt 20 Minuten gehen lassen
- Den restlichen Zucker, die Butter in Flöckchen, Vanillezucker und Salz auf dem Mehlrand verteilen
- Von der Mitte her die Zutaten zu einem glatten Teig verkneten, dabei die restliche Milch zugeben
- Zugedeckt 30 Minuten gehen lassen
- Den Backofen auf 200 °C (Gas Stufe 3, Umluft 180 °C) vorheizen
- Den Teig auf einer bemehlten Fläche ausrollen
- Ein Backblech ausbuttern, den Teig auflegen, einen Rand hochziehen und den Teig mehrmals mit einer Gabel einstechen
- Für den Belag den abgetropften Quark mit Sahne, Zucker, Kokosraspeln und Orangenschale vermischen und auf den Teig geben
- Im vorgeheizten Backofen etwa 35 Minuten backen
- Herausnehmen und auskühlen lassen
- Das Kokosfett zum Schmelzen bringen und auskühlen lassen
- Zucker, Kakao und Eier verrühren und das Fett allmählich einrühren
- Den Kuchen damit überziehen.

Vanillezucker steht bei süßen Speisen hoch im Kurs. Die Thüringer mögen ihn in Milch- und Fruchtsuppen, in Salaten und Eierkuchen, in Cremes und Quarkspeisen und besonders gern im Kuchen. Echter Vanillezucker enthält mindestens 5 Prozent zerkleinerte Vanilleschoten, die getrockneten Früchte einer tropischen Kletterpflanze. Vanillinzucker dagegen besteht aus Zucker und Vanillin, einem künstlich hergestellten vanilleähnlichen Backaroma.

Zwetschgenkuchen
mit Leinöl

Zutaten für ein Backblech

Für den Teig:
500 g Mehl
30 g Hefe
200 g Zucker
200 ml Milch
200 g Butter
2 Eier
1 Prise Salz
Mehl zum Bearbeiten
Butter für das Backblech

Für den Belag:
1,5 kg Zwetschgen
100 ml Leinöl
125 g Zucker

- Für den Teig das Mehl in eine Schüssel sieben und in die Mitte eine Vertiefung drücken
- Die Hefe mit 1 TL Zucker in etwas lauwarmer Milch verquirlen, in die Vertiefung gießen, etwas Mehl darüber geben und zu einem Brei rühren
- Zugedeckt 20 Minuten gehen lassen
- Auf dem Mehlrand den restliche Zucker, die Butter in Flöckchen, Eier und Salz verteilen
- Von der Mitte her die Zutaten zu einem geschmeidigen Teig verkneten, dabei die restliche Milch zugeben
- Zugedeckt 30 Minuten gehen lassen
- Inzwischen für den Belag die Zwetschgen waschen und entsteinen
- Den Backofen auf 200 °C (Gas Stufe 3, Umluft 180 °C) vorheizen
- Den Teig durchkneten und auf einer bemehlten Fläche ausrollen
- Ein Backblech ausbuttern, den Teig auflegen und mit den Zwetschgen belegen
- Im vorgeheizten Backofen etwa 35 Minuten backen
- Herausnehmen und sofort mit Leinöl beträufeln und mit Zucker bestreuen.

*Er ist der Beste der Blechkuchen, sagt man.
Aber es muss „och ordentlich was droff sind"!
Ofenwarm schmeckt er besonders gut.
Aber Vorsicht: Der Teig ist dünn, der Belag
recht saftig – ganz leicht hat man sich bekleckert!*

Apfel-Schmant-Kuchen

Zutaten für ein Backblech

Für den Teig:
- **500 g Mehl**
- **30 g Hefe**
- **80 g Zucker**
- **1/4 l Milch**
- **1 Prise Salz**
- **80 g Butter**
- **Butter für das Backblech**
- **Mehl zum Bearbeiten**

Für den Belag:
- **500 g abgetropfter Sahnequark**
- **2 Eier**
- **1 EL Mehl**
- **4 EL Zucker**
- **1 Päckchen Vanillezucker**
- **3 EL Schlagsahne**
- **100 ml Milch**
- **2 kg Äpfel**
- **Saft von 2 Zitronen**

Für den Guss:
- **1/2 l Schmant**
- **2 Eier**
- **1 EL Mehl**
- **80 g Zucker**

- Das Mehl in eine Schüssel sieben und in die Mitte eine Vertiefung drücken
- Die Hefe mit 1 TL Zucker in 1/8 l lauwarmer Milch verrühren, in die Vertiefung gießen, etwas Mehl vom Rand zugeben und einen breiartigen Vorteig herstellen
- Zugedeckt an einem warmen Ort 20 Minuten gehen lassen
- Den restlichen Zucker, Salz und Butter auf den Mehlrand geben, alles gut verkneten, dabei die restliche Milch zugeben
- 30 Minuten zugedeckt gehen lassen
- Für den Belag den Quark in eine Schüssel geben und mit Eiern, Mehl, Zucker, Vanillezucker, Schlagsahne und Milch verrühren
- Die Äpfel schälen, in Viertel, dann in Spalten schneiden, dabei das Kernhaus entfernen
- Die Apfelspalten mit Zitronensaft beträufeln
- Den Backofen auf 200 °C (Gas Stufe 3, Umluft 180 °C) vorheizen
- Für den Guss den Schmant in eine Schüssel geben und mit Eiern, Mehl und Zucker verrühren
- Ein Backblech ausbuttern
- Den Teig zusammenstoßen, auf einer bemehlten Fläche ausrollen und auf das Backblech legen
- Einen Rand hochziehen und den Teig mit einer Gabel mehrmals einstechen
- Die Quarkmasse aufstreichen, die Apfelspalten darauf anordnen und den Guss darüber verteilen
- Im vorgeheizten Backofen etwa 45 Minuten backen.

TIPP

Bei Hefeteig muss man darauf achten, dass er schön geschmeidig wird. Daher sollte die erforderliche Flüssigkeit nach und nach zugegeben werden, bis unter ständigem Kneten die gewünschte Geschmeidigkeit erreicht ist. Denn abhängig von den Quelleigenschaften des verwendeten Mehls kann die notwendige Flüssigkeitsmenge unterschiedlich groß sein.

Pflaumenmuskuchen

Zutaten für ein Backblech

Für den Teig:

400 g Mehl
25 g Hefe
2 EL Zucker
200 ml Milch
50 g Butter
1 TL abgeriebene Zitronenschale
1 Prise Salz
Mehl zum Bearbeiten
Butter für das Backblech

Für den Belag:

500 g Quark
2 Eier
4 EL Öl
2 EL Zucker
1 EL Mehl
750 g Pflaumenmus

Für den Guss:

30 g Butter
250 g Schmant
1 TL Mehl
3 Eier
2 EL Zucker

- Für den Teig das Mehl in eine Schüssel sieben und in die Mitte eine Vertiefung drücken
- Die Hefe mit 1 TL Zucker in etwas lauwarmer Milch verrühren, in die Vertiefung geben und mit etwas Mehl bestäuben
- Den restlichen Zucker, die Butter, Zitronenschale und das Salz auf dem Mehlrand verteilen
- Zugedeckt 20 Minuten gehen lassen
- Von der Mitte her die Zutaten verkneten; dabei die restliche Milch zugeben
- Zugedeckt 30 Minuten gehen lassen
- Den Teig zusammenstoßen, durchkneten und auf einer bemehlten Fläche ausrollen
- Ein Backblech ausbuttern, den Teig darauf geben, einen Rand hochziehen und den Teig mit einer Gabel mehrmals einstechen
- Den Backofen auf 200 °C (Gas Stufe 3, Umluft 180 °C) vorheizen
- Für den Belag den Quark in eine Schüssel geben und schaumig rühren
- Eier, Öl, Zucker und Mehl unterrühren
- Die Masse auf den Teig streichen und das Mus darüber geben
- Für den Guss die Butter zerlassen, ausgekühlt mit dem Schmant, Mehl, den Eiern und dem Zucker verrühren und auf das Pflaumenmus streichen
- Im vorgeheizten Backofen etwa 40 Minuten backen.

In Thüringen fallen die Kuchenstückchen auf der Kaffeetafel kleiner aus als etwa in Sachsen, denn auf einen „echt thüringischen" Kaffeetisch kommen sechs, sieben und mehr Kuchensorten – und die muss man alle kosten!

Rezeptverzeichnis

Bildquellen
Hans Reinhard: S. 4
Thüringer Tourismus GmbH: S. 6, 7, 8, 10, 11, 13, 14
Ingo Wandmacher: S. 9
Alle anderen Fotos und die Rezeptfotos stammen von Fridhelm Volk.

Bibliografische Information Der Deutschen Bibliothek
Die Deutsche Bibliothek verzeichnet diese Publikation in der Deutschen Nationalbibliografie; detaillierte bibliografische Daten sind im Internet über http://dnb.ddb.de abrufbar.

Haftung
Die Autorin und der Verlag haben sich um richtige und zuverlässige Angaben bemüht. Fehler können jedoch nicht vollständig ausgeschlossen werden. Eine Garantie für die Richtigkeit der Angaben kann daher nicht gegeben werden. Haftung für Schäden und Unfälle wird aus keinem Rechtsgrund übernommen.

Wollgrasweg 41, 70599 Stuttgart (Hohenheim)
E-Mail: info@ulmer.de
Internet: www.ulmer.de

Lektorat: Dr. Gabriele Lehari, Ina Vetter
Umschlag- und Innengestaltung: WILDE2 Grafikdesignduo, Stuttgart
Herstellung: Martina Gronau
Druck und Bindung: Offizin Andersen Nexö, Leipzig
Printed in Germany

ISBN 3-8001-4220-1

Buchtipps

Die köstliche fränkische Küche ist ebenso bekannt und beliebt wie der fränkische Wein. Kochen Sie doch einmal selber echt fränkisch! In dieses Buch und finden Sie eine Vielzahl abwechslungsreicher fränkischer Rezepte.
Landfrauen-Rezept aus Franken. B. Rias-Bucher, F. Volk. 2003. Etwa 128 S., 60 Farbf. ISBN 3-8001-4217-1.

Spätzle, Maultaschen, Filettöpfle, Nonnenfürzle und Pfitzauf – die schwäbische Küche bietet nicht nur originelle Namen, sondern auch himmlischen Genuss!
Landfrauen-Rezepte aus Schwaben. C. Daiber, F. Volk. 2003. Etwa 128 Seiten, 60 Farbfotos. ISBN 3-8001-4238-4.

Ein vergnügliches Lesebuch mit vielen Rezepten – nicht nur für Schwaben!
Spätzle, Maultaschen & Co. E. Knittel, R. Maurer. 2003. 190 S., 56 Farbf., 5 Zeichn. ISBN 3-8001-3877-8.

Backen Sie gerne und suchen Sie neue Anregungen für leckere Kuchen und Torten? Mit diesen Rezepten für saftige Obstkuchen, schnelle Blechkuchen, feines Gebäck und cremige Torten aus ganz Deutschland bringen Sie Abwechslung auf Ihre Kaffeetafel.
Landfrauen-Rezepte – Backen. O. Tietz, F. Volk. 2003. Etwa 128 Seiten, 60 Farbfotos. ISBN 3-8001-4222-8.

Dies sind die echten Landfrauen-Rezepte! Die 22 Landesverbände des Deutschen LandFrauen Verbandes stellen in diesem Buch Ihre Region mit leckeren Rezepten vor. Köstliche und typische Gerichte aus ganz Deutschland, von erfahrenen Köchinnen gesammelt, vom Deutschen LandFrauen Verband geprüft und für Sie aufgeschrieben.
Echte LandFrauen Rezepte. Köstliches aus allen Landschaften Deutschlands. Deutscher Land Frauen Verband. 2003. 144 Seiten, 66 Farbf. ISBN 3-8001-4259-7.